Florianópolis
Wasserfälle
Iguazu
PORTO ALEGRE
URUGUAY
MONTEVIDEO
BUENOS AIRES
LA PLATA
ROSARIO
CORDOBA
MENDOZA
SANTIAGO
MAR DEL PLATA
Bahia Blanca
Valparaiso
Viña del Mar
Concepción
Talcahuano
Valdivia
Osorno
Puerto Montt
Chiloé I.
Chonos-Archipel
Arch. Juan Fernández (Chile)
Robinson Crusoe
Alejandro Selkirk
Comodoro Rivadavia
Rio Gallegos
Santa Cruz
Punta Arenas
Feuerland
Ushuaia
Kap Hoorn
Falkland In. (G.B.) (Malwinen)
West Falkland
Ost Falkland
Stanley
I. de los Estados
Wellington I.
Desolación I.
Santa-Inés-I.
Diego Ramirez-In.

Erich L. Köhler

Vom Amazonas bis zum Paraná

Bisher im Condor-Verlag vom gleichen Autor erschienen:

Band 1:

„Dort wo der Condor fliegt" - ISBN 3-931714-00-4

der durch die Anden von Peru bis Chile führt und in dem Sie auch mit der damals gefährlichsten Guerillabewegung Südamerikas, dem „sendero luminoso", des leuchtenden Pfades, mit Gefangenschaft und Flucht Bekanntschaft machen.

Band 2:

„Mit Jeepney und Rattendampfer durch Hölle und Paradies" - ISBN 3-931714-01-2

führt Sie als Globetrotter durch die Philippinen zu Trauminseln und zu dort angeschwemmten Deutschen und überleben im Zentrum des berühmt-berüchtigten Taifun Nina.

Band 3:

„Diesseits und jenseits des Äquators" - ISBN 3-931714-02-0

Sie erleben in diesem Buch Abenteuer in Indonesien. Fahren mit der Eisenbahn und mit einheimischen Omnibussen quer durch Java. Besuchen Borobudur, den nach 700 Jahren ausgegrabenen und wiederhergestellten, mit den Pyramiden vergleichbaren Tempel. Durchqueren mit dem Motorrad Bali. Tauchen auf den Gili-Air-Inseln vor Lomboc in die phantastische Unterwasserwelt tropischer Fische.

Erich L. Köhler

Vom Amazonas bis zum Paraná

Mit dem Rucksack quer durch Brasilien

Abenteuer-Reisebericht

Condor-Verlag

Dedikation

Für Günther,
der wie wir alle
„läwe“ will!

Impressum:

1. Auflage Januar 2000

Gesamtherstellung:
Druck + Papier Meyer GmbH, 91443 Scheinfeld

ISBN 3-931714-03-9

INHALTSVERZEICHNIS:

KAPITEL:

Dokumentationsteil

Bemerkungen des Autors zur Buchreihe:

Abenteuer der Welt – aktuell erlebt.

Wenn Sie die Namen **"Brasilien"**, **"Amazonas"** oder **"Südamerika"** hören, dann verbinden sich Ihre Gedanken automatisch mit den Begriffen Dschungel, brütende Äquatorhitze, Moskitos und tropische Luftfeuchtigkeit.

Stimmt.

Doch dies ist nur die eine Seite Brasiliens und Südamerikas mit seinen unendlichen Dschungelgebieten des Amazonas, des Pantanal und des Gran Chaco.

Die andere dagegen ist, daß diese Dschungelgebiete die Lunge unserer Erde, auf der wir leben, sind. Die Garantie für unser heutiges Klima überhaupt. Denn 50% des Sauerstoffes auf unserem Globus werden von den Dschungelwäldern des Amazonas produziert. Gleichzeitig ist hier über 1/4 des Süßwassers unserer Erde gespeichert, obwohl pro Sekunde ca. 328.000 cbm Wasser aus seiner Mündung in den Atlantischen Ozean gedrückt werden. So stark, daß bereits 150 bis 200 km vor der Mündung der Atlantik Süßwasser enthält.

Trotz dieses Süßwasserabflusses wird die doppelte Menge – nämlich über 650.000 cbm – pro Sekunde durch Verdunstung, Abkühlung und Tropenregen in einem vertikal zirkulierenden Kreislauf nach oben und unten bewegt.

Wird dieser unendlich erscheinende Dschungel durch Brandrodung beschädigt und vernichtet, dann wird auch gleichzeitig unser Klima bis zur Katastrophe hin verändert. Die gerade in unserem Zeitalter verstärkt eingesetzte Rodung dieses Dschungelgebietes ist daher ein Anschlag auf unser aller Lebensraum. Es gilt diesen Anschlag durch Aufklärung und Protest zu stoppen.

Die bild- und kartendokumentierte Abenteuerbuchreihe

„Abenteuer der Welt - aktuell erlebt“

führt Sie mit diesem 4. Band

„Vom Amazonas bis zum Parana“
ISBN 3-931714-03-9

als Globetrotter durch dieses Dschungelgebiet Brasiliens. Mit dem Holzschiff 1.500 km amazonasaufwärts. Nach Santarem. Nach Manaus, der Großstadt mitten im Amazonas-Dschungel. Zu Queso, dem Indianerjungen. Zu Piranhas, den gefräßigsten Raubfischen des Amazonas. Zu den größten Wasserfällen der Erde in Iguazu. Zu den Deutschen nach Blumenau.

So wie alle anderen mit vielen Bild- und Kartenbeilagen ausgestatteten Bände der Buchreihe

Band 1: ***„Dort wo der Condor fliegt“***
ISBN 3-931714-00-4
Durch die Anden von Peru über Bolivien nach Chile.

Band 2: ***„Mit Jeepney und Rattendampfer durch Hölle und Paradies“***
ISBN 3-931714-01-2
Mit dem Rucksack durch die Tropeninseln der Philippinen ins Zentrum der Taifune.

Band 3: ***„Diesseits und jenseits des Äquators“***
ISBN 3-931714-02-0
Abenteuer in Indonesien. Mit Eisenbahn und Omnibus durch Java. Mit dem Motorrad durch Bali. Im Tauchparadies der Gilli Air-Inseln vor Lomboc.

garantiert Ihnen auch dieser 4. Band wieder spannendes und unterhaltsames aktuelles Wissen über fremde Länder und Völker.

Ich wünsche Ihnen viel Spaß beim Lesen.

Herzlichst Ihr

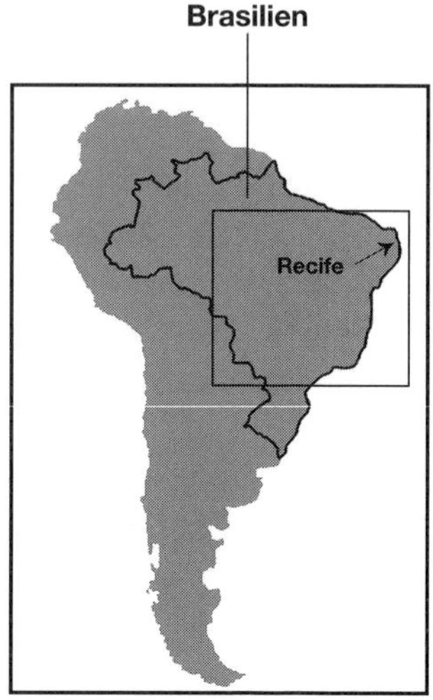
Brasilien
Recife

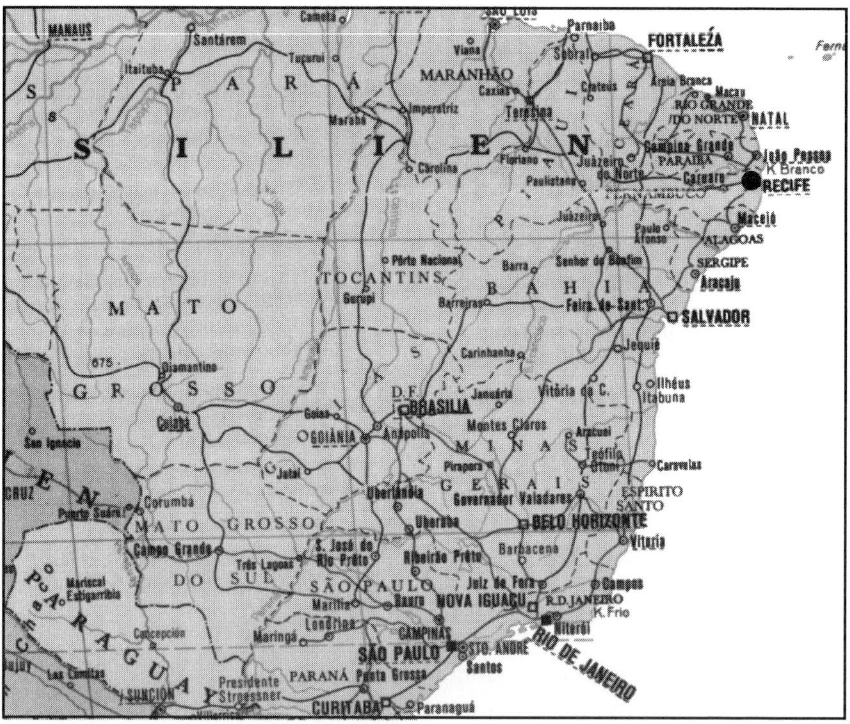
MANAUS
Santarém
Itaituba
Tucuruí
Marabá
Imperatriz
Viana
MARANHÃO
Caxias
Teresina
Parnaíba
Sobral
FORTALEZA
Crateús
Areia Branca
Macau
RIO GRANDE DO NORTE
NATAL
Campina Grande
PARAÍBA
João Pessoa
K. Branco
RECIFE
Caruaru
Juàzeiro do Norte
Paulistana
Floriano
Carolina
PERNAMBUCO
Juàzeiro
Paulo Afonso
Maceió
ALAGOAS
SERGIPE
Aracaju
Senhor do Bonfim
Barra
BAHIA
Feira de Sant.
SALVADOR
Barreiras
Pôrto Nacional
TOCANTINS
Gurupi
Jequié
Ilhéus
Itabuna
Carinhanha
Vitória da C.
D.F.
BRASILIA
Januária
Montes Claros
MINAS GERAIS
Araçuaí
Teófilo Otoni
Caravelas
Pirapora
Governador Valadares
ESPIRITO SANTO
BELO HORIZONTE
Vitória
Uberlândia
Uberaba
Barbacena
Ribeirão Prêto
Juiz de Fora
Campos
NOVA IGUAÇU
R.D.JANEIRO
K. Frio
Niterói
RIO DE JANEIRO
STO. ANDRÉ
Santos
SÃO PAULO
CAMPINAS
Bauru
Marília
Londrina
Maringá
S. José do Rio Prêto
Três Lagoas
PARANÁ
Ponta Grossa
CURITIBA
Paranaguá
Presidente Stroessner
ASUNCIÓN
PARAGUAY
Concepción
Mariscal Estigarribia
Campo Grande
MATO GROSSO DO SUL
Puerto Suárez
Corumbá
San Ignacio
Cuiabá
Goiás
GOIÂNIA
Anápolis
Jataí
Diamantino
MATO GROSSO
675
Cametá
SÃO LUIS

1. In Recife

Am Strand von Boa Viagem – Die Straße gehört dem Samba – Siggi und Renè – "Preco desconto" mit meiner AIR CREW CARD – Hotel-Suite zum Sondertarif – Im 13. Stock – Blick auf den Südatlantik – Fürstliches Trinkgeld – Der kleinste Cruzado-Schein ist am meisten wert – Pudding schon zum Frühstück – Bei 40° Celsius zu Fuß durch die glühende Stadt – Ich will ins Amazonasgebiet.

Nur die breite Uferstraße mit ihren fächelnden Palmen und dem brasilianisch schwarz-weißen ornamentgepflasterten Gehsteig trennt mich vom Südatlantik und seinem beige-weißen Sandstrand. Vom 13. Stock meines Hotel-Appartements kann ich das schmale, fast gerade Band des Strandes mit seinem Riff davor überblicken.

Das Riff ist fast so flach wie der Strand. Es geht übergangslos getönt vom Hellgrünen ins Dunkelgrüne.

Es ist Ebbe. Sanft schlagen die Wellen des Süd-Atlantiks an das zum Meer hin geneigte, brettebene Riff und überspülen es leicht. Unter den am strahlendblauen Himmel hingetupften kleinen weißen Kumuliwolken schattiert das Meer in unzähligen kleinen und großen, sich ständig verändernden unregelmäßigen hell- und dunkelgrünen Farbflächen. Ein vom Ozean kommender lauer Wind läßt die 38° im Schatten angenehm erscheinen.

Heiße Rhythmen einer Sambaband dringen von unten herauf. Es sind junge schwarze Brasileros, die unermüdlich Trommeln und Rasselinstrumente schlagen. Die Sambaklänge übermalen das Ganze akustisch, nur zum Teil übertönt durch das singende Schreien der Wasserverkäufer am Strand.

Irgendwie erinnert mich der Strand hier an Copacabana in Rio. Doch der Strand von Boa Viagem ist schmaler und durch sein vorgelagertes langes Riff abwechslungsreicher. Die ganze Strandatmosphäre wirkt fast unwirklich.

Gestern bin ich mit einer Tri-Star von Europa angekommen. Gestern war Freitag, der Dreizehnte. Doch es war anscheinend ein Glückstag, denn auf dem Flug hierher habe ich in der Maschine Siggi getroffen. Siggi ist ein Bekannter aus Nürnberg, den ich das letzte Mal vor 25 Jahren sah. Wir hatten uns vollkommen aus den Augen verloren. Er hatte damals als junger Unternehmer sein Büro im selben Haus, in dem auch ich wohnte. Trotz dieser langen Zeit habe ich ihn sofort wieder erkannt.

Siggi reist mit seinem Freund René geschäftlich nach Brasilien. Beide kennen sich aus in Recife. Von ihnen habe ich das Hotel Boa Viagem genannt bekommen. Damit blieb mir erspart, daß ich nach meiner Landung nachts um 23 Uhr wildfremd eine Unterkunft suchen mußte.

Während wir uns früher, sozusagen als halbfremde Nachbarn, stets höflich und korrekt mit “Sie” anredeten, ist jetzt auf dem Wege in die fernen Tropen schon nach den ersten Sätzen das verbundenere “Du” und der Vorname die Anrede.

Es ist das unbewußte Schicksalszusammenrücken des Europäers, wenn er sich in die fremde Welt nach Übersee begibt. Dies umfaßt erweiternd alle Weißen überhaupt, wie ich es immer wieder auf meinen Reisen in fremde ferne Länder außerhalb eines Gruppentourismus erlebe. Man weiß, daß man hier aufeinander angewiesen ist.

Siggi und René sind beide mittelgroße, kräftige, joviale Typen um die 50 Jahre. Siggi mit braunen Augen und dunklen, leicht ergrauten vollen Haaren. René ist fast gleichgroß, blauäugig. Seine ergrauten Haare sind kurzgeschnitten.

Die Paßkontrolle bei der Ankunft am Flughafen in Recife dauerte ewig. Von jedem Einzelnen wurden die Daten von den Beamten in die Computer gespeichert. Bei immer noch 28° Schwüle perlte uns Wartenden in der offenen, nicht klimatisierten Eingangshalle der Schweiß von der Stirn.

Wir hatten uns in der Masse der Anstehenden aus den Augen verloren. Doch in der langen Schlange der anschließenden Gepäckkontrolle fanden wir uns wieder.

“Wo kann ich denn Geld wechseln?” frage ich René, der sich hier auskennt.
“Na dort, in der Ecke. An den Tischen!” klärt er mich auf.
Das hätte ich glatt übersehen. Unauffällig ungesichert wird dort, ohne Schalter und sonst üblichen Sicherheitshabitus der Bank, Geld umgetauscht.

Auch hier steht wieder eine Schlange an. Ich stelle mich dazu. Unbürokratisch. Ohne Paßvorzeigen. Ohne Quittung, nur mittels Rechenmaschine wird Geld gewechselt. Ich lege meine DM hin, ein kurzes Tippen in die Maschine und ich erhalte meine Cruzados.

Mit dem Auszahlen der Cruzados erhalte ich meinen ersten Schlag. Für einen Dollar bekommt man trotz Umrechnung über die Hälfte mehr Cruzados. Das heißt, hätte ich in Deutschland DM in Dollars umgetauscht, dann bekäme ich hier wesentlich mehr Cruzados.

Mit den mit DM schlechter getauschten Cruzados in der Tasche schiebe ich mich durch die Gepäckkontrolle.

Mit einem Taxi fahre ich dann nach Boa Viagem ins Hotel “Boa Viagem”. Mittlerweile geht es auf 1 Uhr früh zu. 20 Minuten später komme ich nach erfolgreicher Rennfahrt wohlbehalten im Hotel an. Es liegt direkt am Strand des Süd-Atlantik.

Das “Boa Viagem” ist ein großes Viersterne-Hotel. Am Empfang zücke ich meine internationale Air Crew Card, die ich als Sportflieger und Mitglied der AOPA habe. Den als Plastikkarte mit Bild hübsch eingeschweißten Ausweis in englischer Sprache lege ich auf den Counter. Da niemand Englisch versteht, wende ich mich mit meinem holprigen Spanisch-portugiesisch an den Empfangschef.

"Erhalte ich bei Ihnen Ermäßigung auf den Zimmerpreis?" frage ich. Wobei ich großen Nachdruck auf das portugiesische Wort Preco desconto – Preisermäßigung - lege.

Erfurchtsvoll schaut er die Plastikkarte mit meinem Paßbild, dem englischen Text und den geflügelten Luftfahrtinsignien an. Nachdem er den Ausweis lange genug geprüft hat, entringt sich seiner Brust ein "Momento Senhor".
Er verschwindet und ich muß warten. Kurze Zeit später kommt er wieder. "Si, Senhor", sagt er und gibt mir meinen AOPA-Ausweis zurück.
Dann zeigt er mir auf seiner Hotel-Preisliste den Übernachtungspreis für eine Suite.
"Sie bekommen sie zum Preis eines einfachen Zimmers, abzüglich nochmals 10% desconto", erläutert er mir.
Ich bin hellauf zufrieden, sage: "obrigado, Senhor" und ziehe mit dem Schlüssel und dem Zimmerkellner im Gefolge mit meinem Gepäck durch die moosgrüne, teppichgedämpfte Halle zum Aufzug.

Im 13. Stock steigen wir aus und gehen wieder einen moosgrünen Teppichbodengang entlang und stehen dann in meiner ebenfalls moosgrün ausgelegten Suite. Sie ist ein Traum. Mit Klimaanlage, Farbfernseher und Radio bestückt, besteht sie aus Bad, Eingangsfoyer, einem Wohn- und einem Schlafraum. Die Schränke sind eingebaut. Das Bad mit Wanne und Dusche ist im Braunton gekachelt. Das WC ist separat. Die gesamte Breitseite des Schlafraums ist verglast. Öffnet man die Glasschiebetüre, dann kommt man auf eine überdachte Veranda mit Tisch und Sessel und blickt vom 13. Stock unmittelbar auf den Südatlantik mit seinen an Riff und Strand anschlagenden Wellen.

Ich bin begeistert. Dem Zimmerkellner gebe ich von meinen Ein-, Fünf- und Zehntausend-Cruzadosscheinen den kleinsten, einen Hunderter. Bedankend zieht er sich zurück.

Inzwischen ist es 2 Uhr morgens. Ich wasche mir nur schnell das Gesicht und die Hände, dann fahre ich mit dem Lift runter in die Hotelhalle, wo Siggi und René schon auf mich warten. Wir machen uns auf den Marsch in ein Restaurant. Etwa 100 Meter neben dem Hotel werden wir fündig und trinken noch ein Bier. Immer noch sind es 26°. Wir sitzen auf der Terrasse des zum Atlantik hin offenen Lokales. Es ist Vollmond. Wir alle sind von dem langen Flug noch aufgekratzt. Markus, ein Schweizer, der hier in Brasilien lebt, ein Bekannter von Siggi und René, gesellt sich zu uns.

Die Nacht ist warm. Fast taghell leuchtet die helle Lampe des Vollmondes über uns auf das Meer, dessen weiße Brecher unmittelbar vor uns auf der anderen Straßenseite an den Strand schlagen.

Wir feiern unsere Ankunft in Brasilien. Aus dem herbstlichen Europa kommend, genießen wir die milde Wärme der Tropennacht, hier südlich des Äquators.

“Ja”, sage ich, als ich dem Trio von meiner tollen Hotel-Suite erzähle, “ja, dem Boy habe ich 100 Cruzados Trinkgeld gegeben. Ob nicht der Hunderter bei den vielen Tausender-Cruzadosscheinen ein bißchen zu wenig waren?”
Markus, der gerade dabei ist, sein Bierglas an den Mund zu setzen, läßt es fast fallen.
“Wieviel hast du ihm gegeben?” will er nochmals wissen.
“Na, hundert Cruzados!” antworte ich.
“Ach du lieber Himmel. Weißt du überhaupt, wieviel das ist?”
“Natürlich weiß ich das. Ein Zehntel von Tausend”, antworte ich pikiert.
“Oh, du Gringo”, sagt Markus, der Brasilien-Schweizer nur. Dann klärt er mich auf.
“31 DM sind das. Seit der letzten Währungsreform hier in Brasilien gibt es diese Scheine erst. Sie heißen Novo Cruzados. Die alten Scheine, die mit 1.000, 5.000 und 10.000, die Cruzeros, sind in Umlauf geblieben. Man hat an ihrem Wert nur drei Nullen gestrichen. Sie sind jetzt nur 1, 5

und 10 Novo Cruzados wert. Der Boy mit deinen 100 Novo Cruzados, die du ihm als Trinkgeld gegeben hast, braucht die ganze nächste Woche nichts mehr zu tun. Von deinem Trinkgeld kann er sich 50 Glas Bier vom Faß kaufen und ..., nur daß du das auch weißt, du Gringo, paß auf, mit den uralten 100.000 Cruzeroscheinen. Laß dir davon keine andrehen. Die sind nämlich nur noch 0,5 Novo Cruzados wert."

Mit offenem Mund kann ich zu dem mir soeben vorgerechneten Schein- und Währungsspielchen nicht mehr viel sagen. Mit belegter Stimme kann ich nur gestehen:
"Ein Glück, daß du mir das gesagt hast. Meine drei anderen Novo Cruzadoscheine, die ich noch habe, wären garantiert von mir auf dieselbe Art und Weise aus meinem Verfügungsbereich entlassen worden."
Halb entschuldigend füge ich noch hinzu:
"Das mit den hundert Cruzados Trinkgeld war vorhin um 1 Uhr. Also bereits am Samstag, dem Vierzehnten, nicht am Freitag, dem Dreizehnten."

Auf meine Dummheit hin muß ich auch noch einen ausgeben. Dafür zeigt mir auch Markus, wie man hier die Scheine, säuberlich gebündelt in der Hosentasche trägt. Nämlich geordnet. Die wertmäßig kleineren Scheine nach außen, die großen innen. So zurechtgelegt, kann schwerlich etwas passieren beim Zahlen.

Um 4 Uhr früh gehen wir bei fast untergehendem Vollmond auseinander. Kurz vor dem Einschlafen, beim Rückblick über meinen heutigen Tag, denke ich beim Punkt Trinkgeld nur, daß der brasilianische Staat mit solchen Deppen wie mir bald sein Währungsproblem gelöst haben würde.

Hell sticht die Sonne von der Terrasse her durch einen schmalen, freien Spalt der schweren, zugezogenen Gardinen und weckt mich. Sie steht über dem Atlantik vor mir.

Auf meiner Uhr ist 12 Uhr, also erst 8 Uhr brasilianische Zeit. Ich habe wunderbar geschlafen und fühle mich trotz der kurzen Schlafzeit ausgeruht.

Unter mir am Strand wimmelt es von Menschen. Es ist Samstag.

Zum Frühstück fahre ich mit dem Lift hinunter in den 2. Stock. Dort im Frühstückssalon ist ein Büfett aufgebaut. In silbernen Warmhaltetrögen gibt es vier warme Frühstücksangebote. Rührei, gerösteten, in Würfel geschnittenen Speck, gebratene Rindfleischschnitzel, geschnittene und gegrillte Würstchen und heiße Süßkartoffeln.

Ich nehme mir von allem eine Portion, denn ich habe einen gesunden Hunger. In erster Linie haben es mir die knusprigen, gerösteten Speckwürfel mit dem Rührei angetan. Dazu nehme ich eine der großen, weißen Süßkartoffeln. Ich schiebe einen zweiten Gang Rührei mit gerösteten Speckwürfeln nach. Dafür lasse ich, außer frisch gepreßtem Fruchtsaft und einer gebackenen Banane, alle anderen Frühstücksköstlichkeiten wie Früchte, Pudding, Brötchen, Wurst und Käse liegen. So frisch gestärkt, trete ich aus dem klimatisierten Hotel in die gleißende Tropensonne hinaus auf den Strandboulevard von Boa Viagem.

Mit Siggi und René hatte ich einen Treffpunkt am Strand ausgemacht. “Du findest uns hier immer. Wir sind im Bereich der Kokosnußhütte”, meinte Siggi, auf meinen Vorschlag, einen festen Punkt zu vereinbaren. Jetzt, bei dem Gewimmel von Tausenden von Brasilianern, die sich heute, am Samstag, am Strand tummeln, ist es reiner Zufall, jemanden zu finden.

Ich gebe auf und mache mich auf die Socken, um ein deutsches Reisebüro aufzusuchen. Es wurde mir von Siggi empfohlen. Dort will ich mich nach einer Flugverbindung ins Amazonasgebiet, nach Belem und Manaus, erkundigen. Der Inhaber des Reisebüros heißt Daume. Er gilt als Deutsch-Brasilianer mit Amazonaserfahrung.

Trotz einer Gluthitze von 38° im Schatten stapfe ich los. Das Büro soll in der Av. Conselheiro Aquiar sein. Die Av. Conselheiro Aquiar ist eine Parallelstraße zur großen Strandstraße, der Av. Boa Viagem.

Die Hausnummern hier haben vierstellige Zahlen. Sie umfassen Wolkenkratzer, halbzerfallene Hütten und unbebaute Grundstücke gleichermaßen. Dabei haben die meisten davon überhaupt keine erkennbare Nummer. Dann irgendwo taucht wieder eine Nummer auf.

Der erste Brasilero, den ich frage, fuchtelt wortreich mit den Armen und deutet die Straße entlang. "Uno poco mas", ist das Einzige, was ich aus seinem Wortschwall erkennen kann: "ein Stückchen weiter". Ich marschiere also in der angegebenen Richtung weiter.

Die Straße ist jetzt in der Mittagszeit schattenlos. Glühend sticht die Sonne senkrecht vom Himmel und heizt Straßen und Häuser wie ein Backofen auf. Da die Av. Conselheiro Aquiar nicht am Ozean entlangläuft, wird sie auch von keinem Windhauch gekühlt, so daß die brasilianische Sonne voll ihre Glutstrahlen auf mich herunterschießt und mir der Schweiß aus allen Poren quillt.

"Du mußt ja bald da sein und außerdem tut dir das Laufen als Konditionstraining ganz gut", rede ich mir ein und marschiere in der Gluthitze entschlossen weiter die endlose Straße entlang. Vorbei geht mein Weg an Wolkenkratzern, die zum Teil neu erbaut, zum Teil schon wieder halbverfallen sind. Die sehen aus wie kranke Stockzähne, die in den Himmel ragen. Vorbei geht mein Weg an unbebauten Dschungelgrundstücken und halbverfallenen Hütten. Ich marschiere dabei stolpernd über ein Trottoir, das ein Stück glatt und ornamentgepflastert ist und dann wieder aufgerissen oder mit meterhohem Schutt bedeckt, meine Füße straucheln läßt.

Endlich, nachdem ich unterwegs noch dreimal gefragt habe, bin ich da. Eine reife Leistung von fast 5 Kilometern und einer Stunde Fußmarsch in tropischer Sonnenglut liegt hinter mir. Zwar durchgeschwitzt, fühle ich mich trotzdem noch ziemlich fit.

"Ich bin der Gerd", begrüßt mich Daume, der im 1. Stock eines Anbaues ein Reisebüro mit fünf brasilianischen Angestellten betreibt und gibt mir die Hand.
"Ich bin Erich", stelle ich mich vor und nehme in dem klimatisierten, gut eingerichteten, computerbestückten Büro in einem Sessel vor seinem Schreibtisch Platz.

“Ich will ins Amazonasgebiet. Rauf nach Manaus. Ins Sumpf- und Dschungelgebiet des Rio Negro und des Rio Solimoes”, eröffne ich ihm.
“Ja, da gibt es viele Möglichkeiten”, meint er, und dann unterhalten wir uns fast eine Stunde.
Es sind Instruktionen, die mir wirklich weiterhelfen.

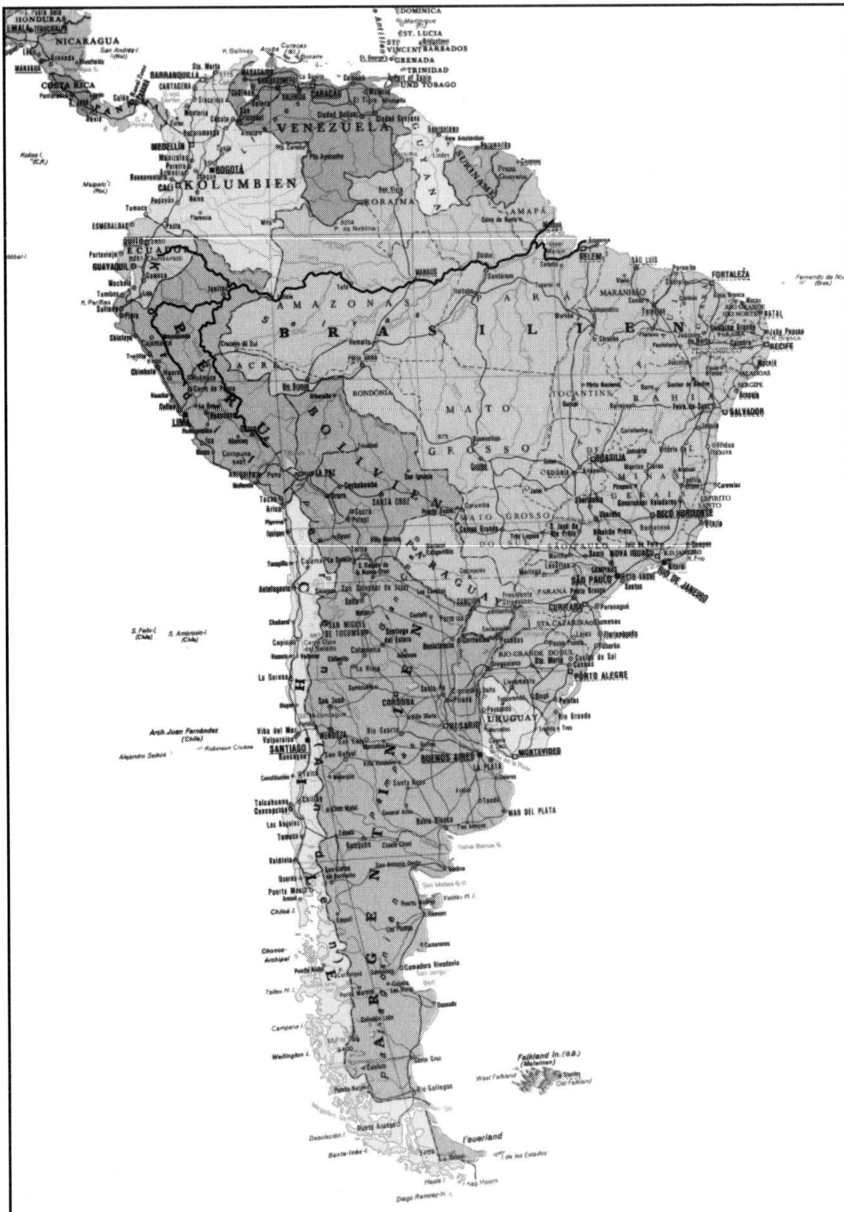

HONDURAS
NICARAGUA
COSTA RICA
DOMINICA
ST. LUCIA
BARBADOS
GRENADA
TRINIDAD UND TOBAGO
BARRANQUILLA
CARTAGENA
CARACAS
VENEZUELA
GUYANA
SURINAME
AMAPÁ
RORAIMA
MEDELLÍN
BOGOTÁ
KOLUMBIEN
CALI
ECUADOR
GUAYAQUIL
BELÉM
FORTALEZA
MARANHÃO
AMAZONAS
PARÁ
BRASILIEN
RECIFE
ACRE
RONDÔNIA
TOCANTINS
BAHIA
SALVADOR
MATO GROSSO
PERU
LIMA
BOLIVIEN
LA PAZ
BRASÍLIA
BELO HORIZONTE
MATO GROSSO DO SUL
SÃO PAULO
RIO DE JANEIRO
PARAGUAY
CURITIBA
PORTO ALEGRE
URUGUAY
MONTEVIDEO
BUENOS AIRES
CÓRDOBA
ROSARIO
SANTIAGO
MAR DEL PLATA
Arch. Juan Fernández (Chile)
Chiloé I.
Wellington I.
Falkland In. (GB)
Feuerland

2. Die Amazonas-Expedition wird geplant

Die Sambaorchester und der Samba – Recife, das Venedig Brasiliens – Brasilianischer Supermarkt – Der Rest des Essens immer für die Armen – René und die Zähne von Patricia – Frau Köhler, die Deutsch-Brasilianerin – Der Air-Paß – Abflugbuchung nach Belem – Der Novo Cruzado und die Inflation – Ein Toter am Strand.

Als ich Daume verlasse, steht wenigstens das Gerippe meiner Expedition: von Manaus aus mit dem Eingeborenenboot in das Rio-Negro- und in das Janauacá-Sumpfgebiet. Nach Manaus entweder mit dem Flugzeug von Recife aus und dann den Amazonas mit dem Schiff hinunter nach Belem an die Mündung o d e r mit dem Flugzeug nach Belem und dann mit dem Boot den Amazonas hinauf nach Manaus.

Doch vorher muß ich klären, ob ich noch einen Air-Paß - einen Paß für verbilligte Flüge innerhalb Brasiliens - bekommen kann. Der wird zu einem Festpreis für Flüge innerhalb Brasiliens für den Zeitraum von 21 Tagen ausgegeben. Man erhält ihn allerdings nur im Ausland, in Verbindung mit dem Flugticket nach Brasilien. In Brasilien selbst ist er zu diesem Sonderpreis nicht erhältlich.

Daume gibt mir zu verstehen, daß ich ihn unter Umständen bei einer bestimmten Reisegesellschaft noch hier bekommen kann. Er gibt mir die Adresse. Ich soll es dort morgen probieren, denn heute ist ein halber Feiertag und daher ist am Nachmittag alles geschlossen.

Vollgepfropft mit Informationen verlasse ich Daumes klimatisiertes Büro und trete wieder hinaus in die brütende brasilianische Mittagshitze von Recife.

Aus Konditionsgründen beschließe ich, die 5 Kilometer in der Hitze auch zurück wieder zu Fuß zu bewältigen. Doch diesmal auf der vom kühlenden Seewind angewehten Atlantikseite, auf der kilometerlangen Boa Viagem.

Über dem ganzen Strand schwingen und dröhnen feurig harte Sambarhythmen. Überall auf der langen Strandavenue fahren mit bis zu 10 Hochtonlautsprecher bestückte Sambawagen. Auf deren Oberdeck biegen sich junge Brasilianerinnen in Sambarhythmen. Sie stimmen das vorwiegend weibliche junge mittanzende Volk am Strand und auf der Straße ein. Alles swingt und wiegt sich im Sambarhythmus. Ich mit meinem nüchternen Vorwärtsstreben komme kaum durch die tanzende und lachende Menge.

Irgendwie schaffe ich doch die 5 Kilometer zu meinem Hotel und mache nach einer erfrischenden Dusche erst einmal in meiner klimatisierten Suite Siesta.

Samba, Samba. Das ist Brasilien. Ob drei oder dreißig Brasileros beisammen sind, immer werden mit allen möglichen Schlag und Trommelinstrumenten Sambarhythmen gezaubert und im Chor dazu gesungen.

Als Schlag-, Trommel- und Rasselinstrument wird quasi alles verwendet, was Krach macht. Der Phantasie ist dabei keine Grenze gesetzt. Leere oder sandgefüllte Coladosen, Eimer und Blechstücke als Handtrommeln, Trillerpfeifen, Hupen, Rasseln und Hölzer, die aufeinander geschlagen werden. Wer gar nichts hat, nimmt seine Hände zum rhythmischen Klatschen.

Die Hand- und Blechtrommeln bestimmen dabei den harten, ins Blut und in die Beine gehenden Sambarhythmus. Alle anderen Schlag-, Klapper- und Rasselinstrumente fallen als Begleitinstrumente dazu ein.

Nähme man den Brasileros ihren Samba, ich glaube, schon am nächsten Tag würde in Brasilien eine Revolution ausbrechen. Was den Römern Brot und Spiele, bedeutet im Leben der Brasileros der Samba. Auf das Brot könnte er eher verzichten, denn er ist es in seiner Armut leider gewöhnt zu hungern. Nur Samba als Illusionsdroge macht ihm diese Armut erträglich.

Eine wichtige Rolle zur Stimulierung des Sambabedürfnisses bilden die Lautsprecherwagen. Sie dröhnen mit voller Lautstärke meilenweit. Ihre Fahrt geht von Platz zu Platz. Dort machen sie dann jeweils einen Stopp. Ein Sambasänger veranstaltet eine Kurzschau und alles, was weit und breit darum herum auf der Straße ist, fällt mit erhobenen, schwingenden Armen und Händen, den vorgetragenen Sambaschlager mitsingend, ins allgemeine Sambatanzen ein. Bewegt und getrieben von den harten Rhythmen aus den Lautsprechern.

Recife hat fast 1,5 Millionen Einwohner. Es liegt im Norden von Brasilien. Dort, wo das brasilianische Festland wie eine Ferse am weitesten in den Südatlantik hineinragt. Recife ist die viertgrößte Stadt Brasiliens und ist die Hauptstadt des Bundesstaates Bernambuco. Die Stadt Recife selbst liegt auf einer vorgelagerten Insel. Auf ihr befindet sich der Hafen. Wegen der vielen Brückenverbindungen und Kanäle wird sie auch das "brasilianische Venedig" genannt.

Ihren Namen hat sie von den vielen Riffen, die den zahlreichen Stränden vorgelagert sind. "Arrecife" heißt im Portugiesischen "das Riff".

Neben dem 10 Kilometer entfernten Stadtteil Olinda hat der Stadtteil Boa Viagem wunderschöne Sandstrände. Doch im Gegensatz zu Olinda ist der Strand von Boa Viagem vollkommen mit 15 bis 20-stöckigen Hotelwolkenkratzern zugepflastert.

Es ist bereits spät nachmittags, als ich die angenehm klimatisierte Suite meines Hotels wieder verlasse. Immer noch sind es draußen 30° im Schatten. In der Nähe ist ein großer brasilianischer Supermarkt. Dort will ich mir einen Beutel Waschpulver kaufen, denn meine Sachen müssen gewaschen werden, wenn ich unterwegs bin.

Es ist ein riesiger Supermarkt. In langen, breiten Gängen sind in Großregalen alle Notwendigkeiten des täglichen Lebens gestapelt. Hier gibt es alles. Von der Babywindel bis zum Waschpulver. Vom Rum bis zum Besen.

Jeweils an den Seiten der großen Einkaufshalle sind die Abteilungen für Fleisch und Wurstwaren, Brot und Backerzeugnisse, für Fisch, Käse und Molkereiprodukte etabliert. Dort ist sogar eine funktionierende Bäckerei in Betrieb, die laufend frische Backwaren produziert. Eine Gangstraße besteht nur aus großen Schütten für Bananen, Zwiebeln, Süßkartoffelknollen, Tomaten, Gemüse, Orangen und andere Früchte.

Mit überdimensionalen Einkaufswägen fahren die Brasileros durch die Gänge. Obst und Gemüse wird von ihnen viertelzentnerweise in ihnen verstaut. Große Bildsymbole in den Gängen und an den Regalen erleichtern den Brasileros den Einkauf, denn die meisten können nicht lesen.

Eingekauft wird hauptsächlich Fleisch, Obst und Gemüse, und dies, wie gesagt, in gewaltigen Mengen. Wahrscheinlich immer der gesamte Wochenbedarf der Familie. Die galoppierende Inflation hier macht es notwendig. Man kauft eben soviel, wie man momentan Geld hat, denn schon morgen könnte alles teuerer sein.

Bei diesem Masseneinkauf ist das Gedrängel an der Kasse auch entsprechend groß. Jedenfalls bin ich froh, als ich nach langem Anstehen mit meinen paar Sachen wieder draußen bin.

“Den Rest deines Essens mußt du dir immer einpacken lassen”, unterweist mich René. “Das gibst du den Kindern.” René hat eine ausgesprochen soziale Einstellung.
“Du bekommst hier soviel auf den Teller, daß du es gar nicht schaffen kannst ... und draußen hungern die Kinder”, ist sein Argument. So wie René machen es fast all’ die deutschen Typen hier in Recife. Jeder der “Alten” unterweist dabei die Neuankömmlinge.

René wäre beinahe an dieser seiner sozialen Ader gescheitert.

Vor einem Jahr hat er einem brasilianischen Mädchen, deren Zähne durch die einseitige Ernährung schwarz verfault waren auf seine Kosten die Zähne in Ordnung bringen lassen.
“Die hat doch keine Zukunft”, meinte er, “bei diesen Zahnstümpfen im Gesicht.”
Er ließ sich von einem Zahnarzt einen Kostenvoranschlag machen und zahlte die DM 200,–, die die Arbeit, umgerechnet in Devisen, kostete. Dabei war er vollkommen selbstlos. Das Mädchen hieß Patricia und war damals 12 Jahre alt und sehr hübsch, wenn sie den Mund nicht aufmachte.

Jetzt ist sie 13 ... und noch hübscher und, wie alle Mädchen unter südlicher Sonne, als Frau voll entwickelt. Sie hat ihm seine selbstlose Tat nie vergessen und sich dabei in eine pubertäre erste Liebe zu ihm hineingesteigert. Obwohl er nicht das Geringste in diesem Punkt von ihr wissen will, verfolgt sie ihn auf Schritt und Tritt. Nur durch äußerste Abwehrkonsequenz kann er sich ihrer erwehren. In ihren Augen hat sich in ihm ihr Beschützer- und Geliebtenbild tragisch vereint.

“Niemals mehr”, so meint er jetzt, “niemals mehr lasse ich einer Brasilianerin, auch wenn sie noch so jung ist, die Zähne richten.”

Fast überall in den Restaurants und Pinten hier in Boa Viagem kann man Deutsch sprechen. Meist sind die Besitzer Deutsche oder Deutsch-Brasilianer, die schon mehrere Generationen hier in Brasilien leben, aber ihre deutsche Sprache erhalten haben. Die Deutsch-Brasilianer findet man an allen Ecken und Enden. So auch im “Palace Recife”, dem größten Hotel hier.

Dorthin hat es mich auf meiner Suche nach Information für meine geplante Reise zum Amazonas verschlagen. Dort nämlich ist das Büro der Ltur, die mir über Flug und Schiffspassagen Auskunft geben soll. Die Chefin ist eine große, etwa 35 Jahre alte Blondine. Ihr sitze ich gegen-

über. Sie ist Deutsch-Brasilianerin. Als ich meinen Namen nenne, schaut sie mich ganz groß an. Dann fragt sie mit ihrem charmanten deutsch-brasilianischen Akzent:
“Was, sie heißen Köhler? Ich heiße auch Köhler, Ilona Köhler.” Dabei übergibt sie mir ihre Karte.

Beide müssen wir über unsere hier in Brasilien festgestellte Namensgleichheit lachen.

Ilona Köhler ist in der 3. Generation hier. Ihre Großeltern sind von Deutschland nach Brasilien ausgewandert.

Sie ist es auch, die mir hier in Brasilien noch einen Air-Paß besorgt, obwohl dieser für mich nur in Deutschland normalerweise ausgestellt werden kann. Der Air-Paß ist hier für mich eine wichtige Sache. Er kostet pauschal DM 660,–. Mit ihm kann man 5 Inlandflüge buchen, die innerhalb von 21 Tagen abgeflogen werden können. Er bedeutet eine enorme Vergünstigung und Einsparung bei diesen riesigen Entfernungen in Brasilien, wo die einzelne Flugstrecke in diesem großen Land 2 - 5.000 Kilometer beträgt.

Bei Frau Köhler kann ich auch zu einem günstigen Kurs Euroschecks einlösen. Ich erhalte für eine DM 4,60 Cruzados. Das ist ganz beachtlich, nachdem ich am Freitag bei der Ankunft im Flughafen nur 3,30 Cruzados bekommen habe.

Ich bedanke mich und buche gleichzeitig meinen ersten Air-Paß-Flug von Recife nach Belem bei ihr. Das sind immerhin 3.000 Kilometer Flugstrecke. Belem liegt 145 Kilometer flußaufwärts an der 250 Kilometer breiten Mündung des Amazonas, des größten und gewaltigsten Stroms der Erde.

Da die Flüge in Brasilien meist ausgebucht sind, ist es unbedingt wichtig, bei der Buchung einen guten Draht zu haben. Mit Ilona Köhler, meiner brasilianischen Namensvetterin, habe ich den bestimmt.

Morgen werde ich sie anrufen, um das Ergebnis zu erfahren.

Mit der Währung hier ist das so eine Sache. Um die horrende Inflation zu bremsen, wurde sie in den letzten Jahren zweimal abgewertet. Aus dem bereits 6 - 7-stelligen Cruzero wurde der 4-stellige Cruzado und danach der jetzt einstellige Novo Cruzado. Die alten Geldscheine blieben dabei weiter im Umlauf. Es wurden nur die drei Nullen gestrichen. Also 1.000 alte Cruzados sind ein Novo Cruzado. Bei der Wertänderung des noch älteren Cruzeros zum Novo Cruzado blickt ein Fremder nach dem Gesetz der Logik überhaupt nicht mehr durch. Da ist der Wert eines 100.000 Curzeroscheines 0,5 Novo Cruzado.

Bei der Ausgabe war der Novo Cruzado dem Dollar wertgleich gestellt. Bei meiner Ankunft am Freitag, also vor 5 Tagen, betrug der Kurs bereits schon wieder 8,60 Novo Cruzados für 1 Dollar. Heute liegt er schon bei 9,10.

Zurück zu meinem Hotel gehe ich den Strand entlang. Es ist Ebbe. Die grün-braunen Riffplatten sind sichtbar. An ihnen brechen sich die heute nicht allzu hohen Wellen.

Plötzlich wird mein Marsch am Strand durch eine Menschentraube blokkiert. Polizei ist da und auch die Uferstraße ist von Polizei und Polizeiautos versperrt. Ich trete näher und stehe vor einem Toten. Er liegt vor mir im Sand. Es ist ein schlanker, junger, dunkelhäutiger Brasilianer. Er ist etwas 25 Jahre alt.

Auch René ist hier. Es ist die Strandstelle gegenüber seines Stammlokales.
“Was ist passiert?” frage ich ihn.
“Er ist ertrunken”, antwortet er. “Hier ertrunken. Er saß dort auf dem Rand der Riffplatte. Plötzlich kam eine große Welle. Sie schwappte über ihn hinweg und ihr abfließender Sog riß ihn mit. Keiner konnte ihm helfen, obwohl ein Dutzend Brasileros dabei waren, ja, sogar zum Teil neben ihm saßen. Wie mit einem Lasso wurde er unvermittelt aus ihrer Mitte gerissen. Nur mit Seilen konnten sie ihn bergen.”

Blick aus meiner Hotel-Suite auf den Süd-Atlantik. Deutlich sind zwischen Ebbe und Flut die tafelflachen trügerischen und gefährlichen Riffe zu erkennen. Der Strand davor, in der Woche fast menschenleer ...

... doch am Wochenende von Tausenden bevölkert.

“Schicksal”, denke ich und betrachte die äußerst friedlich anschlagenden Wellen des Südatlantiks an das ungefährlich aussehende Tafelriff, das jetzt bei Ebbe freiliegt.

Zwei Uniformierte mit einer Tragbahre kommen. Sie legen den Toten darauf, decken ihn mit einem weißen Leinentuch zu und bringen die Trage auf die Uferstraße. Dort schieben sie die Trage in einen Sanitätswagen, der mitten unter den zahlreichen Polizeifahrzeugen steht.

Sekunden später fährt der Sanka mit heulender Sirene ab.

BRASIL, BRASIL.

Brasilien
Belem
Altstadt
BAÍA DO GU
RIO GUAMÁ
Liegeplatz
"Bras
Rebelo"

3. In Belem, an der Amazonasmündung

Unser Treffpunkt bei Pedro – 2/3 des Essens für die Kinder – In einer brasilianischen Churrascaria – Flug nach Mitternacht Richtung Belem – Aus Versehen fast zurückgeflogen – Landung im Mündungsgebiet des Amazonas – Belem – Wie komme ich auf dem Amazonas nach Manaus – Ich habe ein Schiff für dich bis Santarem.

Während es bei uns Herbst ist und wir in Deutschland dem Winter entgegenleben, ist es hier in Brasilien, südlich des Äquators, Frühling.

Gestern hat man hier die Uhren auf Sommerzeit - eine Stunde vor - umgestellt. Jetzt ist es 6 Uhr nachmittags und schon wird es dunkel.

Ich sitze hier auf der Terrasse meines Hotel-Appartements. 13 Stockwerke unter mir schlagen gleichmäßig die Wellen des Südatlantiks an den Strand. Vom Meer her weht eine starke, warme Brise. Sie läßt die 34 Grad Celsius, die es immer noch hat, vergessen. Entspannt räkele ich mich im Sessel und lasse mich von der warmen Luft umfächeln. Ich blicke über die Weite des Atlantiks und träume. Die ersten Sterne blinken schon am schnell dunkel werdenden Himmel, und weit draußen sieht man die Lichter von großen Schiffen, die an Recife vorbei nach Süden fahren. So sitze ich fast eine Stunde da, genieße meine Zigarre und die melancholische Stimmung der hereinbrechenden Tropennacht.

Pünktlich um 1/2 8 Uhr bin ich bei Pedro. Pedro ist ein Deutsch-Brasilianer, der an der Strand-Avenue Boa Viagem (sprich: Boa Viasch) ein piekfeines Restaurant, ein Churrascaria, hat. Davor, zum Atlantik hin, hat er eine große, überdachte Terrasse gebaut. Dort kann man an den zahlreichen Tischen im Freien sitzen, sich den vom Meer kommenden warmen Wind um die Nase blasen lassen und, sich unterhaltend, den Strand, das Meer und die Brasilianer beobachten.

Wie für viele, so ist auch für Siggi, René und für mich dort am Abend unser Treffpunkt.

Während die anderen die Nachmittage am feinen Sandstrand von Boa Viagem verbringen, hatte ich bis jetzt noch keine Zeit dazu. Ich mußte die ganzen Tage durch die glühende brasilianische Sonne wetzen, um meine Expedition, nämlich mit dem Boot von Belem aus 3.000 Kilometer den Amazonas aufwärts nach Manaus und zum Rio Negro, erfolgreich zu organisieren. Dabei ist Belem, mein Ausgangspunkt, noch einmal 3.000 Kilometer von hier entfernt.

Am Abend bin ich jedesmal von der Rennerei am Tage ziemlich geschafft. Nur der tägliche Scheibchenerfolg erhält mich dann aufrecht. Jedenfalls freue ich mich immer auf den Treffpunkt mit den beiden am Abend, hier bei Pedro, wo wir dann gemeinsam unseren Chopp (eiskaltes Faßbier) trinken, unsere Tageserfahrungen austauschen und anschließend irgendwo gemeinsam essen gehen.

Ich bin gerade beim ersten Chopp, da kommen sie auch schon, strahlend wie immer, an. Ich strahle zurück. Sie nehmen Platz. Bestellen sich einen Chopp und unser Palaver über die Erfahrungen des Tages - inklusive der Wasserleiche - beginnt.

Während sie hier draußen auf der luftigen Terrasse essen wollen, will ich heute einmal zum Essen in eine Churrascaria.

Sie bestellen, und ich leiste ihnen noch Gesellschaft, bevor ich mich dann alleine auf die Socken machte.

Die Portionen, die hier in Brasilien serviert werden, sind anscheinend jedesmal für eine mehrköpfige Familie gedacht. Das gilt gleichermaßen für Fleisch- und Fischgerichte samt Beilage. Jedesmal sind es Kiloportionen. Kein Mensch, auch nicht der verfressenste, kann sie schaffen. Dementsprechend viel bleibt dann auch jedesmal übrig. Es sind oft zwei Drittel der servierten Mahlzeit. Für die so vorhandenen Reste ist unser Sozialbeauftragter René zuständig. Er wacht peinlich darüber, daß nichts verloren geht. Alles muß der Kellner in den in allen Restaurants vorhandenen, gepreßten Aluminiumfolienschüsseln, die als Warmhaltepackung mit einem ebensolchen Deckel verschlossen werden, zum Mitnehmen verpacken.
"Für die Kinder", ist sein Leitspruch. Dementsprechend sind wir bereits bei den Filhos schon bekannt wie bunte Hunde.

Keiner dieser "Filhos", wie die Kinder hier genannt werden, bettelt im eigentlichen Sinne. Immer verkaufen sie etwas. Meist kleine Erdnußbeutel, die sie jeweils zu Zweit an Schnüre gebunden haben. Die hängen sie im doppelten Dutzend über einen kurzen Stock. So transportieren sie die Erdnußbeutel und bieten sie ihren Kunden an.

Bietet man ihnen das Essen in der Warmhaltefolie an, dann nehmen sie es gerne. Stets aber bewahren sie eine zurückhaltende Würde dabei. Nie vergessen sie, sich zu bedanken. Ihre Dankbarkeit zeigen sie meist dadurch, daß sie einem fast scheu lachend auf den Arm oder die Schulter klopfen oder das "number-one-Zeichen" - den rechten Daumen nach oben strekkend - machen.

Lieber Freund, wenn du noch niemals in einer brasilianischen Churrascaria gegessen hast, dann hast du etwas versäumt in deinem Leben. Denn dann kannst du alles vergessen, was du bisher an köstlich gegrilltem Fleisch gekannt hast. Also, fahre nach Brasilien. Gehe in eine Churrascaria und lasse einmal deinen Gaumen nach allen Regeln der Bratkunst mit fachmännisch am Spieß gegrillten Fleischsorten von original Pampasrindern verwöhnen.

Eine der brasilianischen Churrascarias, in der man stundenlang essen kann ...

Schon am Eingang der Churrascaria werde ich von einem Deutsch-Brasilianer in meiner Muttersprache begrüßt. Er führt mich persönlich an einen der weißgedeckten Tische. Dort ist neben der Serviette nur eine Ga-

... und immer wieder von dem aufmerksamen Personal gebratene Fleischstücke serviert bekommt.

bel und ein scharfes Fleischmesser aufgelegt. Ich nehme Platz. Erwartungsvoll bin ich bereit, die Dinge an mich herankommen zu lassen. Doch zunächst muß ich wieder aufstehen, um mir erst einmal in Selbstbedienung die Beilagen zu holen. Die sind in einem großen Büfett in der Mitte des Lokales in Warmhaltewannen. Es sind über 30 an der Zahl, warme und kalte. Das Beilagen-Büfett enthält alle Köstlichkeiten, die man sich denken kann.

Eingelegte Bambusherzen. Gekochte und gepellte Eier. Fruchtsalat. Tomatensalat. Eingelegte Zwiebeln. Köstliche Süßkartoffeln. Gebackene Krevetten. Pikante, gut gewürzte, kleine, warme Fleischkroketten. Diverse Süßspeisen. Avocados. Gebackene, in Zucker und Butterbröseln panierte Bananen usw., usw.

Man muß schon sehr gezielt vorgehen, um nicht den ersten Fehler zu machen, nämlich seinen Teller im ersten Anlauf zu überladen.

Ich habe mich auf die köstlichen eingelegten Bambusherzen, die knackigen Gürkchen, etwas Süßkartoffeln und gebackene Bananen spezialisiert.

Doch weiter zum Essen in einer Churrascaria.

Mit dem Teller voller ausgewählter Beilagen, von denen man sich so viel und so oft nachholen kann, wie man will, begibt man sich vom Büfett zu seinem Tisch. Dort steht ein zweiter, leerer Teller. Die Prozedur oder besser gesagt, die Gaumenorgie kann beginnen. Kaum hat man wieder Platz genommen, kommt schon der erste “Gaucho” mit einem etwa einen Meter langen schwertartigen Spieß. Den stellt er senkrecht in die mitgebrachte silberne Saftwanne und schneidet mit einem überdimensionalen dolchartigen scharfen Messer eine Scheibe in der Größe deiner Wahl von den daran aufgespießten, gegrillten, saftigbraunen und gut gewürzten Fleischstücken ab.

Während du nun genüßlich ißt, reißt die Folge der dich besuchenden “Gauchos” mit ihren fleischgespickten Schwertspießen nicht mehr ab. Insgesamt werden dir 16 verschiedene, von Könnern gegrillte Fleischsorten von Pampasrindern und Schweinen offeriert. Ein Stück schmeckt besser als das andere. Es ist bestens abgehangenes und zubereitetes Fleisch, dessen Geschmacksnuancen je nach den säuerlichen oder süßen Beilagen ständig verändert werden.

So, lieber Freund, kannst du stundenlang essen - wenn du noch kannst.

Neben den 16 verschiedenen Fleischsorten kannst du munter weiteressen. Es werden dir unbegrenzt weiter nach deiner Wahl gegrillte Fleischscheiben von den Spießen gesäbelt, so lange du am Tisch sitzt. Selbst wenn du drei Kilo Fleisch vertilgen könntest. Dazu trinkst du noch drei Chopp Bier oder eine Flasche vorzüglichen argentinischen Wein, holst dir noch zweimal Beilagen und zahlst für das Ganze 55 Novo Cruzados. Das ist, genau umgerechnet, die ungeheuere Summe von 11 Deutschen Mark und 20 Pfennigen.

Und weil alles so nett hier am Rande des Dschungels ist, schenkt dir der Chef der “Gauchos” noch persönlich zum Abschied ein Glas guten brasilianischen Rums und einen schwarzen, wunderbaren echten brasilianischen Kaffee ein.

Du lächelst ihn freundlich an und sagst “obrigado”. Und auch er lacht freundlich und gibt dir als Alemanho die Hand und du mußt versprechen, wiederzukommen.

Wie du dann mit deinem “plenus venter” (vollen Bauch) nach Hause kommst, ist deine Sache.

Meine erste Tätigkeit nach dem Frühstück ist ein Anruf bei der Ltur. Ich will wissen, wann ich nach Belem fliegen kann.
“Alles klar, Herr Köhler”, tönt es vom anderen Ende der Leitung. Es ist die Stimme von Frau Köhler, der Deutsch-Brasilianerin und Reiseleiterin der Ltur. “Ihr Flug ist untergebracht. Sie können heute nacht um 0.35 Uhr mit der Inter-Brasil nach Belem fliegen. Dort kommen sie um 5.00 Uhr an. Ihr 21-Tage-Air-Paß läuft also am 20. Oktober an und endet am 9. November. Sie müssen jetzt umgehend zum Airport, ihr Ticket ausstellen lassen. Die wissen schon Bescheid.”

Mit einem “obrigado” bedanke ich mich. Hoffentlich klappt es mit dem Schiff von Belem amazonasaufwärts ebenso prompt.

Dann trete ich hinaus in die Gluthitze des brasilianischen “Frühlings”, um Ticket und alles für meinen Abflug heute nacht klar zu machen.

Es ist 3.40 Uhr. Seit einer Stunde sitze ich in der Boing 737 der Inter Brasil und fliege durch die Nacht. Gestern am Abend habe ich mich noch von Siggi und René verabschiedet. Mit Claus, einem Stuttgarter, bin ich vorher noch in einem chinesischen Restaurant essen gegangen. Wie immer, gab es dort Riesenportionen, bei der eine ganze Familie locker satt geworden wäre. Die geröstete Ente, die ich bestellte, bestand beispielsweise aus einem ganzen, mundgerecht zerlegten Vogel. Bei der sauer und scharfen Suppe, die ich vorher bestellte, machte mich - Gott sei dank - die bedienende Chinesin darauf aufmerksam, daß eine ganze Portion für mich alleine ein bißchen zuviel sei, sie würde deshalb nur eine halbe Portion bringen. Das was sie als halbe Portion angeschleppt brachte, war eine halbgefüllte, große Suppenterrine. Eine ganze Portion war eine volle.

Die Abflugzeit nach Belem war gemäß Flugplan 0.35 Uhr. Abgeflogen sind wir dann zwei Stunden später, nämlich um 2.25 Uhr. Kein Mensch informierte mich. Kein Mensch fragte. Man wartet einfach gelassen. Das ist brasilianisch. Was ist denn schon Zeit.

Vor mir sitzen bzw. stehen zwei junge Brasileros und flirten als Passagiere mit ihrem südländischen Temperament mit einer Stewardeß, was das Zeug hält. Die flirtet kräftig zurück und hat dabei ihre ganze Arbeit abgemeldet.

Die Flugstrecke nach Belem ist etwas über 3.000 Kilometer. Nach 1 1/2 Stunden landen wir. Ein Großteil der Passagiere steigt aus. Neue steigen zu. Nach einer weiteren Stunde landen wir das zweite Mal. Wieder steigen Passagiere aus. Ich wechsele meinen Platz und setze mich an einen freigewordenen Fensterplatz. Dort habe ich auch eine brasilianische Zeitung gefunden. Ich ziehe die Schuhe aus und mache es mir gemütlich. Mit Hilfe meines deutsch-brasilianischen Wörterbuches versuche ich die Zeitung zu lesen. Doch meine bequeme Idylle dauert nicht lange. Höflich werde ich nach meiner Bordkarte gefragt. Die Bordkarte hier ist mehr eine Flugbegleitkarte. Darauf ist Abflug und Zielort sowie die Zwischenflugroute vermerkt.

Ich werde etwas in Portugiesisch gefragt, das ich natürlich nicht verstehe. Ich frage den Steward, ob er Englisch kann. Ein zweiter wird hinzugezogen. Der erklärt mir dann auf Englisch, daß ich umsteigen muß, da diese Maschine wieder zurückfliegt. Erst jetzt bemerke ich, daß ich der einzige Passagier in der Maschine bin.

Während der eine Steward über Sprechfunk "meine" Maschine informiert, daß noch ein Passagier hier aufgestöbert wurde, der zu ihr gehört, ziehe ich eilig meine Turnschuhe an. Dann schnappe ich meine zwei Sachen, vergesse auch nicht die Zeitung und trotte hinter dem englisch sprechenden Steward her. Der bringt mich die Gangway seiner 737 hinunter. Dort zeigt er mir die ca. 200 Meter entfernt auf dem Rollfeld in einem Pulk anderer Flugzeuge abgestellte Inter-Brasil-Maschine, mit der ich nach Belem weiterfliegen muß.

Mutterseelenallein marschiere ich mit meinem Leichtgepäck die 200 Meter zu meiner Inter-Brasil-Maschine. Unterwegs lese ich in Leuchtschrift über dem Flughafengebäude groß den Namen FORTALOZA. Es ist der Name der Stadt, die 1.600 Kilometer von Recife entfernt, in Richtung Belem am Atlantik liegt.

An der Inter-Brasil-Maschine, ebenfalls eine 737, erwartet man mich bereits. Trotz meiner "Verspätung" werde ich oben an der Gangway von dem dort stehenden Steward freundlich angelächelt.

Diese Maschine ist halbleer, aber nagelneu. Sie ist mit einer so gut funktionierenden Air-condition ausgerüstet, daß mein durch den Spurt über das Rollfeld verursachter Schweißausbruch schnell durch die anblasende Kaltluft neutralisiert wird. Auch die Sitze sind in dieser neuen Maschine eine Wucht. Sind besonders körpergerecht und bequem. Ich klappe den Sitz leicht zurück und lese mittels meines Wörterbuches die vom anderen Flugzeug mitgeschleppten brasilianischen Zeitungen. So düse ich durch den Rest der Nacht Belem zu.

Es ist 6.30 Uhr, als die Lichter von Belem wie ein Leuchtteppich zu uns heraufblinken. Hart zeichnen sich dessen Konturen zum Amazonas hin ab. Längst sind wir im Sinkflug und schwenken jetzt über einen Seitenarm des Amazonas, des größten Flusses der Erde, in einem weiten Bogen in den Endteil, zum Landeanflug auf Belem, ein.

6.37 Uhr ist es, als wir aufsetzen und der neue Tag anbricht. Die Landebahn des Airport von Belem ist rechtwinklig in den Amazonasarm hineingebaut.

Das Flughafengebäude von Belem ist ein großer, offener zweistöckiger Bau. Unten sind Informations- und Abfertigungsschalter und die nach allen Seiten offenen Wartehallen. Oben, im ersten Stock, zu dem Rolltreppen hinauf und hinunter führen, sind Läden und auch zwei Restaurants. Auch hier ist alles offen, so daß die schwüle Tropenluft durchfächeln kann. Über die ganze Seitenlänge zum Flugfeld zu ist eine offene schmale Terrasse vorgebaut.

Auf der anderen Seite des braunen Flusses beginnt der Dschungel. Zwischen dem grünen Dschungelstreifen und den dunklen und bauschig-weißen, regenschwangeren Tropenwolken, leuchtet der Horizont über seine ganze Breite orange, zitronengelb und weiß. Es ist inzwischen bereits taghell. Die Luft ist feuchtwarm. Aus dem grünen Dschungel gegenüber dem Fluß steigen in der stehenden Luft langsam dicke Wolkenschwaden hoch. Alles dampft. Kurz darauf bricht die Sonne am Horizont durch und überzieht alles mit einem gelb-leuchtenden Schimmer, der nach kurzer Zeit sofort ins Hell-Weiße übergeht und damit auch gleichzeitig seinen milden Glanz verliert. Ein neuer Tag ist hier in den Tropen des Amazonasgebietes angebrochen.

Auf der fast menschenleeren Terrasse im ersten Stock nehme ich in einem der Rohrsessel Platz, um zu frühstücken. Nachdem ich zwei Bananen von meinem als Proviant mitgenommenen kleinen Bananenstrunk als Frühstück neben einer halben Ananas verputzt habe, will ich mich nun hier um meine Zukunft kümmern.

An erster Stelle steht dabei für mich die Frage: “Wie komme ich zu einem Schiff nach Manaus?”

Unten am Aufgang der Rolltreppe sehe ich eine verglaste Bürotüre mit der Aufschrift “INFORMATION”. Doch sie ist verschlossen. Gerade als ich wieder weggehen will, kommt ein junger, dunkelhaariger Brasilianer, begrüßt mich freundlich, schließt die Türe auf und bittet mich in sein Office. Es hat eine Klimaanlage und ist eiskalt. Nachdem mir schon wieder durch die Hitze und die hohe Luftfeuchtigkeit alles am Leibe klebt, eine überaus angenehme Sache für mich.

“Ich heiße Fernando”, sagt er.

“Ich heiße Erich.”
“Aus welchem Land kommst du?”
“Aus Alemanha.”
“Oh, du bist ein Alemaho.”
Er wird noch freundlicher und nimmt beide Hände, um meine Rechte zu schütteln. Dann sprudelt er heraus. ”Ich mag die Alemahos. Ich habe drei Alemaho-Freunde in Berlin.”

Er kann sich gar nicht beruhigen, daß er nun einen Alemaho vor sich stehen hat und das auch noch in aller Herrgottsfrühe.
“Auf alle Fälle, ich werde Deutschland besuchen”, meint er. Dann bittet er mich, Platz zu nehmen.

“Ich will zum Hafen. Mit dem Schiff den Amazonas hinauf. Nach Manaus”, lasse ich ihn wissen.
“Ja, das kannst du. Das sind 3.200 Kilometer auf dem Rio Amazonas bis Manaus”, erklärt er.

Er holt eine Karte von Belem heraus und gibt sie mir, nicht ohne zu vergessen, das Hafengebiet zu kennzeichnen, von dem die Schiffe flußaufwärts in Richtung Manaus abgehen. Dann besorgt er mir noch einen zuverlässigen Taxifahrer, der mich hinbringen kann. Ich verabschiede mich und ich muß ihm versprechen, daß ich ihm von Deutschland eine Karte schreibe.

20 Minuten später bin ich mit dem Taxi am Hafen. Über holprige, zum Teil kopfsteingepflasterte Straßen ging es an alten 16-Pfünder-Kanonen vorbei durch die Altstadt, wo anscheinend eben erst die Conquestadores abgezogen sind. Trotz des frühen Morgens sticht die Sonne vom Himmel und es ist schwül-heiß.

Durch ein vergittertes und bewachtes Eingangstor gehe ich in das begrenzte Areal des Hafens, in dem die Schiffe anlegen und die Schiffahrtsbüros sind. Doch kein Mensch ist zu sehen. Kein Büro ist geöffnet.

“Nächstes Schiff nach Manaus fährt am Dienstag”, antwortet mir der Polizist auf meine Frage.

“Mein Gott, das ist erst in 5 Tagen”, denke ich. “Heute ist ja erst Freitag.” Den Polizisten versuche ich noch nach anderen Abfahrtsmöglichkeiten auszuquetschen, da tritt ein älterer, drahtiger Brasilianer an mich heran. Er hatte mich aus dem Hintergrund die ganze Zeit schon beobachtet.

“Ich habe ein Schiff für dich”, erklärt er mir. “Es geht nach Santarem. Noch heute. Fährt um 16.00 Uhr ab.”
“Wo liegt Santarem?” frage ich.
“Santarem liegt 3 1/2 bis 4 Tagereisen amazonasaufwärts. Von dort nicht mehr weit nach Manaus”, versichert er. “Komm mit.”
“Hm”, denke ich, “was kann’s schaden. Besser, als bis Dienstag hier in Belem herumzuhängen, ist es allemal.”
Laut sage ich zu ihm: “O.K., ich schaue mir deinen Dampfer einmal an.” Dann folge ich ihm.

Wir steigen in einem der laufend vorbeifahrenden Omnibusse. Ich zahle für uns beide 1,4 Cruzados = 30 Pfennige und dann fahren wir in dem rüttelnden überfüllten Bus los.

Es geht heraus aus der Altstadt von Belem und wir kommen in ein Wellblech- und Bretterhüttenviertel mit garagenähnlichen offenen Ladenschuppen dazwischen.

Nach 15 Minuten halten wir irgendwo dazwischen. Ich folge meinem Brasilianer, der würdig, immer wieder große und kleine Wasserlachen und halbe Seen umgehend, auf dem völlig aufgeweichten Lehmboden vor mir herstolziert.

Nach hundert Metern kommen wir an einen riesengroßen Fluß, einen Seitenarm des Amazonas. Dort liegen eine ganze Anzahl alter Holzschiffe. Sie liegen auf dem Trockenen, denn es ist Ebbe. Ebbe, obwohl die Mündung des zum Amazonasstromgebiets gehörenden Seitenarmes erst 145 Kilometer weiter östlich in den Südatlantik mündet.

Die Bras Rebelo bei Ebbe im Seitenarm des mächtigen Amazonas in Belem. Ebbe - 150 km von der Mündung entfernt.

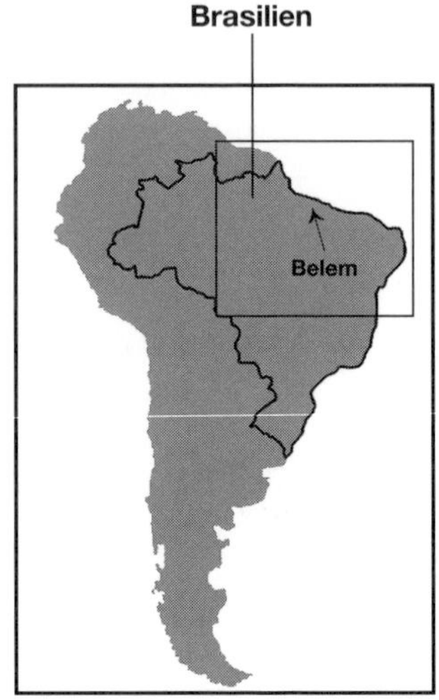
Brasilien
Belem

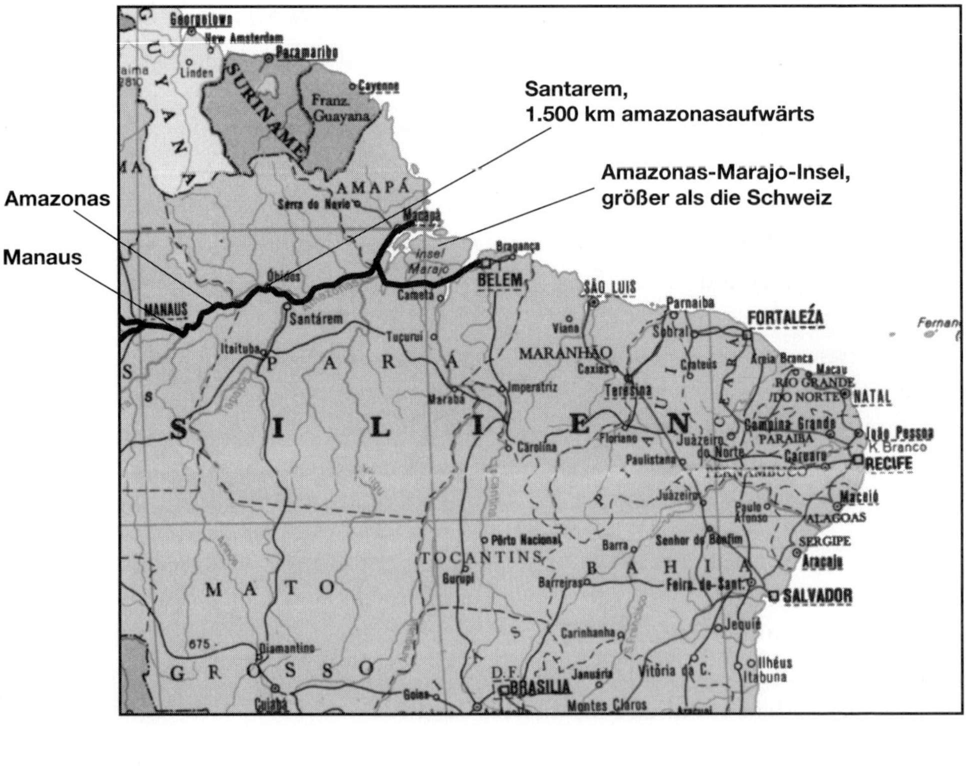
Santarem,
1.500 km amazonasaufwärts
Amazonas-Marajo-Insel,
größer als die Schweiz
Amazonas
Manaus

4. Mit der Hängematte auf einem Amazonasschiff

Das Amazonasbecken – Auf der "Bras Rebelo" – Um 16.00 Uhr ist Abfahrt, nur der Tag ist unbekannt – Der "Ver o Peso- (schaue auf das Gewicht) Markt" von Belem – Rolli, der Schweizer, Manfred und Alfred, die Deutschen – Ich kaufe eine Hängematte mit Pedro – Hühnertod und Dreckhaufen – Wir legen ab, mit 26 Stunden Verspätung.

Das Amazonasgebiet ist das größte Stromgebiet der Erde. Es umfaßt ca. 7 Millionen Quadratkilometer. Ohne seine vielen Krümmungen ist der Amazonas 6.500 Kilometer lang. Er entspringt in den peruanischen Kordillieren und fließt fast genau in westöstlicher Richtung durch das brasilianische Tiefland. Er hat über 1.100 Nebenflüsse. Auf seinem Weg durch das brasilianische Gebiet nimmt er über 200 gewaltige Nebenflüsse auf, von denen über 100 schiffbar sind. Sie übertreffen dabei an Länge und Wasserreichtum die bedeutendsten Ströme anderer Erdteile. Die Ströme und Nebenflüsse des Amazonas aus dem Gebiet der Anden werden als Weißwasserflüsse bezeichnet. Die Amazonasnebenflüsse, die aus dem brasilianischen Bergland einfließen, sind wegen ihrer Sinkstoffarmut Schwarzwasserströme (Rio Negro).

Im brasilianischen Tiefland beträgt das Gefälle des gewaltigen Stromes nur 0,5 - 3,5 Zentimeter auf einen Kilometer und hat trotzdem eine Fließgeschwindigkeit von 0,75 Meter pro Sekunde. Das gesamte Amazonasstromgebiet enthält 1/4 allen Flußwassers der Erde.

Der Amazonas ist 50 - 100 Meter tief. Hochseeschiffe können auf ihm 3.200 Kilometer stromaufwärts bis Manaus fahren. 3.000-BRT-Schiffe können sogar ungehindert über 6.000 Kilometer bis Iquitos in Peru flußaufwärts fahren.

Der Amazonas ist bis auf die Enge von Obido, wo er immerhin noch 2 Kilometer breit ist, ab Manaus nirgends schmaler als 5 Kilometer. Seine größte Breite erreicht er mit 300 Kilometern in seinem Mündungsgebiet. Er prallt mit seinen Wassermassen mit solcher Wucht in den Südatlantik, daß er eine fast 4 Meter hohe Flutwelle bildet und mit seinen Wassermengen das Salzwasser des Südatlantiks 200 Kilometer zurückdrängt.

Im Mündungsgebiet des Amazonas befindet sich u.a. die Insel Marajo. Sie ist größer als die Schweiz.

Alles hier im Amazonasgebiet ist gewaltig. Der Amazonasdschungel, der teilweise so dicht ist, daß nie ein Sonnenstrahl durch das hohe Blätterdach auf seinen Boden dringt, macht etwa 40% der Gesamtfläche Brasiliens aus. Die Holzarten hier schätzt man auf über 10.000. Die Vogelarten alleine auf 2.000. Die verschiedenen Säugetiere, die hier leben, schätzt man auf 250 Arten. Mit dem Baumbestand seines Dschungels produziert er alleine 50% des Sauerstoffes der Erde. Das Wasser des Amazonas bildet mit seinen Nebenflüssen ein Fünftel der Süßwasserreserven der Erde. Die Hälfte der 20 größten Flüsse der Welt befindet sich im Amazonasbecken.

Ich glaube, an diesen Zahlen und Fakten kann jeder ersehen, mit welchen Größenverhältnissen man es hier zu tun hat. Gemessen an europäischen Verhältnissen, sind dies ungewohnte, überdimensionale Größenvergleiche.

An einem auf eingerammten, dicken Holzpfählen gebauten Holzsteg liegt eines dieser kleinen, kaum 30 Meter langen Zweidecker-Holzschiffe. Sie sehen aus, als hätten sie die ersten portugiesischen Eroberer hier liegen gelassen.

Luxus-Liner "Bras Rebelo"

Mit dem Brasilianer klettere ich über den lückenhaften Holzsteg auf das Schiff. Die Unterkunft der Passagiere besteht aus Hängematten, die an Haken auf den überdachten, offenen Decks eingehängt sind.

"Also gut", sage ich, "um 16.00 Uhr ist Abfahrt."
"Si, Senhor, heute um 16.00 Uhr ist Abfahrt", sagt er.

Vorne, in einer Bretterhütte am Stegbeginn, kaufe ich mir ein Ticket für die viertägige Fahrt amazonasaufwärts. Dafür zahle ich umgerechnet 30 DM, inklusive zweier Mahlzeiten am Tag.

Nun bin ich Passagier auf dem dieselmotorgetriebenen "Bras Rebelo". Was soviel heißt wie "der Arm" oder "die Faust des Rebellen". Immerhin soll der Kahn seine 15 Knoten in der Stunde machen.

Da es erst 9.00 Uhr morgens ist - gegenüber Recife haben wir bereits wieder eine Stunde Zeitverschiebung - will ich noch einmal mit dem Omnibus in die Stadt zurückfahren.

Mein brasilianischer "Senhor" schreibt mir die Fahrtrichtung "Arsenal" für die Busrückfahrt sowie die Aussteigestation hierher auf die Ticketrückseite, und ich zische ab.

Belem ist die Hauptstadt des brasilianischen Staates Para. Sie liegt am südlichsten Mündungsarm des Amazonas, dem Rio Para. Sie liegt 200 Kilometer südlich des Äquators und 145 Kilometer westlich der Mündung des Amazonas. Das Klima ist tropisch feuchtschwül mit einer Durchschnittstemperatur von 26° Celsius. Sie wurde 1616 von den Portugiesen als strategisch bedeutsamer Stützpunkt gegen die Franzosen und Holländer gegründet. Sie konnten sich auch gegen die Franzosen und Holländer behaupten.

Obwohl sie sich seit der Kolonialzeit in ihrem Stadtkern kaum verändert hat, zählt sie heute fast eine Million Einwohner. Der Hafen vom Belem ist der bedeutendste Lager- und Umschlagplatz der Region. Schon in der Kautschukboomzeit Ende des vergangenen, Anfangs des jetzigen Jahr-

Der Markt von "Ver o Peso" mit seine offenen Hallen, der alles führt, was das Land und der Amazonas bieten.

An Ort und Stelle wird in der Tropenhitze Frischfleisch in handliche Portionen zerhackt.

hunderts war Belem der wichtigste Ausfuhrhafen. In dieser Zeit entstanden seine feudalen Kolonialbauten. Heute bestimmen moderne Hochhäuser und breite Avenidas den Rand des alten Stadtkernes.

An dem großen Platz im Hafengebiet von Belem steige ich, nachdem ich 0,7 Cruzados bezahlt habe, aus. Hier ist gerade der große Markt. Der Markt "Ver o Peso" - schau auf das Gewicht -. Alles, was man sich denken und was das Land und das Amazonasgebiet hergibt, wird hier angeboten. Fische, Garnelen, tropische Früchte, Gewürze, Kräuter jeder Art und Fleisch. Auch Stände mit Textilien sind aufgebaut.

Dort kaufe ich mir zwei ausgeschnittene T-Shirts, eine Baseball-Mütze und zwei Shorts.

Nach dem Kauf stiefele ich ins Zentrum der Altstadt von Belem. Mir scheint, die Zeit ist hier mindestens zweihundert Jahre stehen geblieben.

Alle Häuser und Kirchen sind im Kolonialstil, im Stil des vergangenen Jahrhunderts. Selbst die Straßen. Sie sind mit altertümlichen großen Steinquadern gepflastert. Sie sind so bucklig und von der Zeit verworfen, daß man als Europäer geradezu Mühe hat, darauf zu gehen.

Ziemlich pflastermüde, mache ich an einem offenen Restaurant im Zentrum halt. Es liegt an einer Straßenecke, und man kann von hier aus gut die vorbeiflutenden Menschen beobachten.

Es sind durchwegs Weiße und über Generationen vermischte braunhäutige Kreolen. Auch einige Indios sieht man, jedoch keine reinrassigen Neger.

Die Abteilung "Metzgereien" auf dem Markt "Ver o Peso". Frischfleisch ohne Kühlung unter der tropischen Sonne.

Frische Gambas und Shrimps sind in jeder Größe zu haben.

Die Linienbusse bringen laufend neue Kunden zu ihren Haltestellen am Markt von Belem.

Über Jahrhunderte hat Brasilien seine Rassen gemischt und dabei neben dem Weißen und dem Indio den kreolischen Brasilianer geschaffen.

Um 14.00 Uhr bin ich wieder draußen bei meinem Schiff, der "Rebellenfaust". Einige Passagiere haben schon am Oberdeck ihre Hängematten aufgehängt. Darunter sind auch zwei Deutsche und ein Schweizer.

Die zwei Deutschen sind Schwaben und stammen aus Pfullingen, einem kleinen Flecken in der Nähe des Bodensees. Sie heißen Manfred und Alfred. Beide sind schlanke Typen. Alfred ist blond, Manfred brünett. Er ist der jüngere der beiden. Ich schätze ihn auf 24. Sein Companero Alfred dürfte schon über 30 sein. Er hat blonde, schüttere Haare mit einer beginnenden Stirnglatze.

Der Dritte im deutschsprachigen Bund ist der Schweizer. Mit "und ich heiße Rolli" stellt er sich als letzter vor.

Rolli ist ein ganz anderer Typ. Ebenfalls groß und schlank, aber mit vollem gewellten kastanienbraunem Haar. Mit seinem Schnauzer und seinen braunen Augen sieht er mehr wie ein Jugoslawe aus. Er stammt aus Zürich und dürfte Mitte Dreißig sein. Rolli, der Schweizer und Manfred und Alfred, die Deutschen, sind auf unterschiedlichen Touren hierher auf das Schiff gelangt.

"Als Allererstes brauchst du eine Hängematte", erklärt mir Manfred.
"Kann ich die nicht hier leihen?"
Er muß lachen. "Nein, die mußt du dir kaufen. Die gibt es hier in jedem Kramschuppen. Außerdem brauchst du die hier in Brasilien immer", wirft Alfred ein.
"Ja, die brauchst", kommentiert Rolli, der Schweizer, knapp.
"Gut, bevor wir uns weiter unterhalten, werde ich mich auf die Socken machen und mir erst einmal eine Hängematte besorgen", ist meine Antwort darauf.

Einen kleinen stämmigen weißen Brasilianer haben wir in unsere Gesprächsrunde einbezogen. Er stammt aus dieser Region und will auch

Die Innenstadt von Belem mit seinem jahrhundertealten Kopfsteinpflaster

Belem hat viele koloniale, jahrhundertealte Kirchen.

nach Manaus. Obwohl er nur portugiesisch spricht, konnte er uns schon einige wichtige Tips geben. Die Unterhaltung wird mit spanischen und portugiesischen Wortbrocken geführt und klappt eigentlich ganz gut.

Da mir die Erklärung des Brasilianers, der mich hierherbrachte - Manaus sei nicht mehr weit von unserem Santarem entfernt, quasi läge es nur auf der anderen Seite des Amazonas - sehr spanisch bzw. portugiesisch vorkam, erkundige ich mich bei Diego, wie sich der kleine Brasilianer nennt, danach.

“Oh, no, no”, antwortet er temperamentvoll. “Von Santarem nach Manaus sind es noch 1.500 - 1.600 Kilometer flußaufwärts.”

“Ein bißchen weit für - dem Amazonas gegenüber - “, denke ich. Doch im Stillen habe ich es ja schon so ungefähr vermutet. Es sind eben brasilianische Maßverhältnisse. Die Wahrheit ist, daß Santarem fast genau in der Mitte von Belem nach Manaus via Amazonas liegt. Denn von Belem nach Santarem sind es auf diesem gewaltigen südamerikanischen Dschungelfluß ebenfalls 1.500 Kilometer.

Diego frage ich, ob er mir nicht beim Hängemattenkauf behilflich sein könnte. Hilfsbereit meint er sofort: “Sim, sim”, und wir stolpern los durch die Lehmpfützen und Seen in Richtung Bretterhütten-Avenue.

Am zweiten Schuppen stoppen wir. Er bietet allen Krimskrams für den täglichen Gebrauch der Eingeborenen an. Auch Hängematten. Wir handeln und schon bin ich Besitzer einer brasilianischen handgewebten Hängematte, für die ich umgerechnet 9,90 DM bezahlt habe.

Zurück auf meinem Schiff, hänge ich sie sofort an zwei der an der Deckoberkante zahlreich angebrachten Hängemattenhaken ein. Ich mache gleich ein Probeliegen und stelle fest: “fantastico”.

“Übrigens”, meinen meine neuen Deutschen beiläufig, “das Schiff fährt nicht heute um 16.00 Uhr ab, sondern erst morgen.”
Ich bin platt und stehe wie ein Blitz neben meiner Hängematte. “Wieso?”
“Das hat der Käpten nicht gesagt. Wahrscheinlich weiß er den Grund selbst nicht oder er will heute noch einmal mit seiner Alten schlafen. Qué sabe, wer weiß? Wir sind doch hier in Brasilien. Mach dir nichts draus, nimm’s gelassen.”

Ich mache mir eigentlich wirklich nichts daraus. Aber die Zeit mit meinem 21-Tage-Airpaß tickt. Begonnen hat sie mit dem Antritt meines ersten Fluges.

Sofort disponiere ich um und fahre mit Rolli nochmals in die Stadt. Die Strecke mit dem Omnibus kenne ich ja jetzt schon. Gemeinsam hüpfen

Kreuz und quer sind die Hängematten am Oberdeck für die Nacht verspannt - die bequemste Art zu schlafen.

wir über das durch die Jahrhunderte verworfene Kopfsteinpflaster der Altstadt und essen in einem Restaurant einen der köstlichen Amazonasfische. Gebraten und landesüblich gut gewürzt. Dann schlendern wir noch ein bißchen durch die Stadt. An einem Boulevard, der ringförmig um die Altstadt von Belem führt und von Hochhäusern bespickt ist, trinken wir in einem Straßencafe im Freien noch ein Glas des stark gesüßten, glühend heiß servierten schwarzen brasilianischen Kaffees.

Um 21.30 Uhr sind wir wieder in unserer Bretterbudenstadt und auf unserem "Rebellenschiff". Es liegt auf dem Trockenen, denn es ist Ebbe. Ebbe, 150 Kilometer von der Atlantikmündung des Seitenarmes des Amazonas an dem Belem liegt, entfernt. Der ist immerhin 4 bis 5 Mal so breit, wie unser Vater Rhein.

Niemals hätte ich geglaubt, wie gut man in einer Hängematte schläft. Jedenfalls bin ich selten so ausgeschlafen aufgewacht.

Belem nach der Abfahrt, vom mächtigen Amazonas-Seitenarm aus gesehen.

Es ist 7 Uhr, und die Sonne steht schon wieder glühend am Himmel. Auch die anderen vom deutschsprachigen Trio sind schon auf den Beinen. In der Nacht ist noch eine ganze Reihe Passagiere dazu gekommen. Das ganze Deck ist jetzt kreuz und quer mit Hängematten versponnen. Ein Durchkommen ist jetzt kaum mehr möglich. Wenn alle in der Hängematte liegen, kann man nur unten durch zu der eigenen kriechen. Es sind alles Indios, die mit Sack und Pack über Santarem weiter in den Amazonasdschungel wollen.

"Um zwei Uhr nachmittag fahren wir", teilt uns Manfred mit.
"Woher willst du das wissen?"
"Vom Käpten."
"Oje."

Unten am trockenliegenden Schiff wird gehämmert und geklopft. Sie wechseln die Schraube, die sichtbar halb aus dem Brackwasser ragt.

Wir beschließen, vor zur Straße, ins Bretterbudenviertel zu gehen. Hier erwartet uns ein verdrecktes und verwahrlostes Chaos aus Dreckhaufen und halbverfallenen Bretterschuppen. An mehreren Stellen werden auf offener Szene am laufenden Band Hühner geschlachtet, dann abgebrüht und in einer Art Schruppmaschine die Federn gerupft. An der Seite der Schuppen sind Bambuskäfige aufgestapelt. In jedem hocken ca. 20 Hühner. Davor sind 5 große Aluminiumtrichter. Die Viecher werden aus den Käfigen genommen, mit dem Kopf nach unten in die Trichter gesteckt, so daß ihre Köpfe unten herausschauen. Dann werden ihnen in Serie von je 5 Stück die Köpfe abgeschnitten. Fertig. Die Nächsten. Das alles wird von Kindern erledigt. Die Älteste von ihnen dürfte höchstens 10 Jahre alt sein.

Daneben ist eine Bretterbudenbar. Dort gibt es Bier und Rum, und man kann der Köpferei zuschauen. Schwarze, an den Füßen zusammengebundene Säue werden auf Pritschenschubkarren vorbeigeschoben. Die blinzeln phlegmatisch ihrem letzten Stündlein in der Schlachterei in einem offenen Schuppen 20 Meter weiter entgegen. Dazwischen wieder befinden sich Krambuden, Marktstände und Fleischerbuden. Alles wimmelt und quirlt auf den verdreckten Straßen. Über allem lastet eine schwültropische Hitze.

Irgendwo in einem Barschuppen dazwischen trinken wir ein Bier und einen brasilianischen Kaffe und dann machen wir, daß wir wieder auf unseren Piratendampfer kommen.

Um 14 Uhr wird immer noch an der Schraube herumgedoktert. In der Zwischenzeit ist die Flut gekommen und die braunen Boys müssen ständig tauchen bei der Arbeit.

Um 15 Uhr kommt ein Laster. Kisten werden ab- und eingeladen.
“Wer hat gesagt, wir starten um 14 Uhr?”, frage ich hinterhältig. Doch keiner gibt mir Antwort. Alle haben sich in ihr Schicksal gefügt, fangen an brasilianisch zu denken.

Vor uns die untergehende Sonne. Fahrt in die Nacht auf dem Amazonas.

Ich verziehe mich in meine Hängematte. Eine Brise vom Rio Breve verschafft etwas Erleichterung im stickigen Hafenklima.

Dann ist es endlich soweit. Es ist 18 Uhr. Die Sonne ist hinter dem Dschungel jenseits des Rio Breve am Untergehen. Der Schiffsdiesel wird angeworfen, und nach dreimaligem Tuten und nach 26stündiger Verspätung setzt sich unsere "Bras Rebelo" in Bewegung. Die Schraube wirbelt schwarz den Schlamm am Steg auf und wir tuckern in die Tropennacht. Den Rio Breve hinauf, Richtung Amazonashauptarm und Santarem.

Im Scheine der über dem Dschungel jenseits des Flusses untergehenden Sonne leuchtet schon weit hinter uns Belem mit seiner Altstadt und seinen weißen Kirchen im portugiesischen Kolonialstil.

Doch schnell wird es dunkel. Von beiden Ufern - der Fluß ist mindestens 10 Kilometer breit - weit entfernt, fahren wir dem hinter dem dunklen Dschungel orang-gelb brennenden Horizont flußaufwärts entgegen.

Erst wird es dunkel, dann stockdunkel, dann sieht man kaum mehr die Hand vor den Augen.

Ich stehe vorne am Bug des Holzschiffes neben dem seitlich offenen Führer- und Steuerstand und starre nach vorne in die Dunkelheit. Nur das Rauschen der Bugwelle und das über Zahnräder und Wellen an das Ruder nach hinten transmittierende, knarrende und ächzende Holzsteuerrad sind zu hören. Die Nacht ist so schwarz, daß ich das Wasser nur erkennen kann, wenn es fluoresziert. Vor ca. 4 Stunden sind wir bei völlig zugezogenem Himmel wie in einem Tunnel auf dem Fluß in die Nacht hineingefahren.

Wie der Steuermann, der mit mir nach vorne starrt, Abstand und Richtung halten und den Flußbiegungen folgen kann, ist mir schleierhaft.

Ab und zu schaltet er kurz seinen über dem Führerstand montierten großen Suchscheinwerfer an und läßt ihn schwenken. Dessen weißer Strahl schießt dann jedesmal wie eine Lanze durch die Dunkelheit, erfaßt grell den Fluß und das schweigende, unheimlich schwarze Dschungelufer. Auch fliegende Insekten und Kleinlebewesen werden von dem gleißenden Scheinwerferlicht reflektierend über dem Wasser erfaßt. Tausende tanzende, gelbe und rotglühende Punkte tauchen dann vor uns auf.

Durch die Scheinwerferchecks weiß ich wenigstens, daß wir nicht weit vom rechten Flußufer fahren.

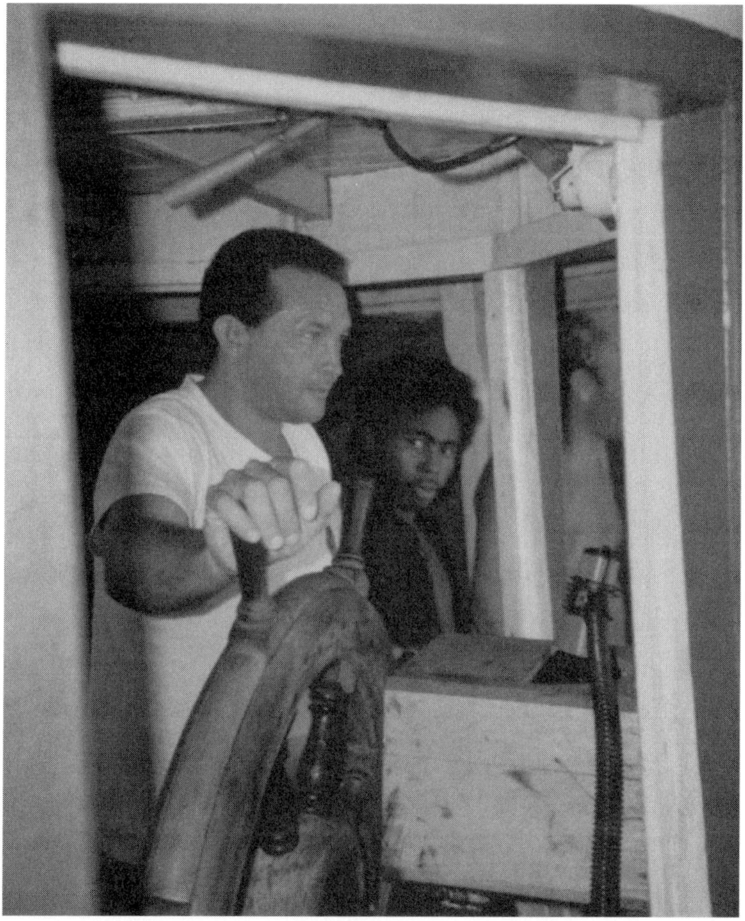

Der Steuermann, der mit schlafwandlerischem Instinkt sein Schiff durch die rabenschwarze Nacht amazonasaufwärts steuert.

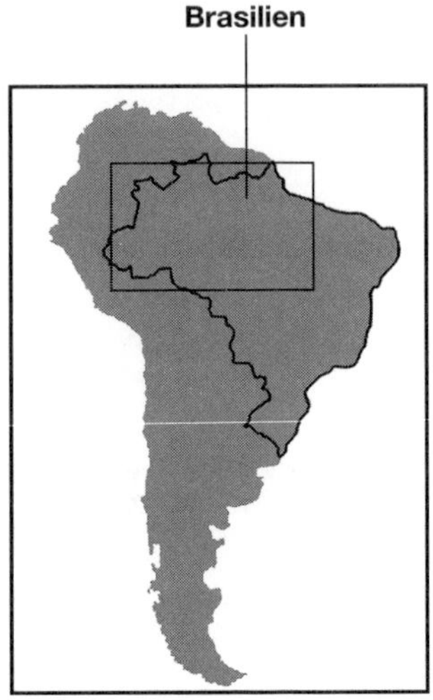
Brasilien

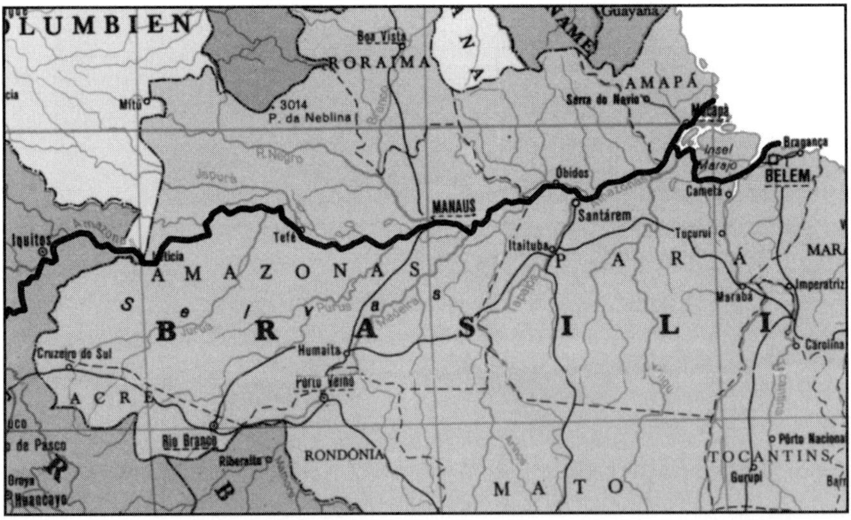
OLUMBIEN
Guayana
Boa Vista
RORAIMA
AMAPÁ
Serra do Navio
Mitú
3014
P. da Neblina
R. Negro
Japurá
Bragança
Insel Marajó
BELEM
Óbidos
MANAUS
Santarém
Cametá
Iquitos
Tefé
Leticia
Tucuruí
Itaituba
AMAZONAS
PARÁ
Imperatriz
Marabá
Selvas
BRASILI
Cruzeiro do Sul
Humaitá
Carolina
Pôrto Velho
ACRE
Rio Branco
Pôrto Nacional
Riberalta
RONDÔNIA
TOCANTINS
Gurupi
MATO
de Pasco
Oroya
Huancayo

5. Tropengewitter und Dschungelfahrt auf dem Amazonas

Fahrt mit der BRAS REBELO durch die pechschwarze Nacht – Polizeikontrolle mitten in der Nacht auf dem Amazonasarm – Sim, Capitán, sie haben sich geirrt – Komfortschlaf in der brasilianischen Hängematte – Die unendliche Fahrt durch den Dschungel amazonasaufwärts – Zweimal am Tag Essen fassen, die einzige Unterbrechung – Der Himmel öffnet sich zum Inferno – Tropengewitter und Farbsinfonie – In Almerind, 1.000 Kilometer amazonasaufwärts im Dschungel – Amazonasfische, eine Delikatesse – Cola gegen die Rache der Indios – QUESO, der kleine Indiojunge.

Hie und da tauchen schwache Lichtpunkte am Dschungelrand auf. Sie kommen von Eingeborenen, die dort ihre ärmlichen Hütten am Fluß haben. Plötzlich flimmern mehrere Lichter vor uns auf dem Fluß. Wir kommen heran und fahren im weiten Abstand daran vorbei. Kaum sind wir vorbei, da flammen vor uns aus dem Dunkel unvermittelt Scheinwerfer auf, die uns grell anstrahlen. Dann überflutet uns Rotlicht. Es ist ein roter Scheinwerfer, der nun zusätzlich auf uns gerichtet ist. Der blinkt. Wir werden gestoppt.

Auch unser Steuermann hat seinen Suchscheinwerfer eingeschaltet. Er erfaßt ein Polizeiboot, das auf uns zukommt und uns anstrahlt.

Wir stoppen den Diesel, drehen bei und lassen uns bis zu den umfahrenen Lichtern hinter uns zurücktreiben, gefolgt von dem Polizeiboot.

Dann erreichen wir die Lichter. Es ist eine schwimmende Polizeistation mitten hier im mindestens 20 Kilometer breiten Amazonasarm. An ihr legen wir an. Polizei, die hier in ihren grau-grünen Uniformen wie Militär aussieht, kommt an Bord und zählt die mitfahrenden Häupter. Mit der Fracht sind wir wahrscheinlich hoffnungslos überladen. Der Käpten muß von Bord. Hinüber auf die schwimmende Polizeistation.

“Na servus”, denke ich, “da wird unsere Fahrt, kaum daß sie begonnen hat, auch schon zu Ende sein.”

Doch wir sind nicht in Europa oder gar in Deutschland. Da würde jetzt gar nichts mehr laufen.

Nicht so in Brasilien. Da ist man großzügig. Handlung: laissez faire auf brasilianisch.

“Du siehst selbst, Capitán, dein Schiff ist restlos überladen”, eröffnet der Chef der Polizei auf der schwimmenden Station das Verhör. “Schlimm, schlimm, Capitán. Da sind die Vorschriften, Capitán. Die Sicherheit, Capitán. Das mußt du verstehen, Capitán.”

Unauffällig marschieren einige hundert Novo-Cruzado-Scheine weg in Richtung Frachtpapiere und Logbuch, das der kontrollierende Capitano do Policia in den Händen hat.

“Oh, sim, sim, Capitán. Ich sehe, du hast dich im Frachtgewicht zu deinen Ungunsten verrechnet, Capitán. Alles o.k., Capitán. Gute Fahrt, Capitán ... und das nächste Mal ein bißchen besser rechnen.”

So oder ähnlich muß es sich auf der schwimmenden brasilianischen Polizeistation zugetragen haben. Mitten in der Nacht, mitten auf dem mächtigen Seitenarm des Amazonas, der die Südostseite der im Mündungsgebiet des Amazonas liegenden Insel Marajo bildet, die größer ist als die ganze Schweiz. Denn nach 10 Minuten hüpft der Capitán, begleitet von den guten Wünschen des Capitán do Policia, wieder auf sein Schiff.

Der Schiffsdiesel wird wieder angeworfen, und wir fahren wieder amazonasaufwärts in die stockdunkle Nacht.

So wie die Größe des Landes, der Inseln und des unendlich großen Amazonas mit seinen mächtigen Seitenarmen ist auch die Großzügigkeit der Policia hier. “Sim, Senhor.”

Ich für mein Teil begebe mich in meine Hängematte. Empfehle mich guten Gewissens in die Hände des fühlenden, aber in der Finsternis nichts sehenden Steuermanns und denke beim schaukelnden Einschlafen über den brasilianischen Umgang mit den Gesetzen und das Lösen von Problemen nach und schlafe trotzdem mit einem Gefühl der Sicherheit wohlig ein.

Hell steht bereits die Tropensonne am Himmel, als ich am nächsten Morgen aufwache. Um mich herum ist bereits quirliges Leben an Deck, und die meisten Hängematten sind leer. Gleichmäßig dröhnt der starke Schiffsdiesel und läßt die “Bras Rebelo”, das uralte Zweidecker-Holzschiff vibrieren.

Doch ich stehe noch nicht auf. Wohlig genieße ich es. weiter in der Hängematte zu liegen.

Es ist 7.30 Uhr. Gestern um 22 Uhr bin ich als Letzter in meine Hängematte geklettert, nachdem ich fast zwei Stunden vorne am Bug neben dem Steuermann in die rabenschwarze Nacht auf den Fluß gestarrt habe. Unter Dutzenden von Hängematten, die das Oberdeck kreuz und quer ausfüllen, mußte ich erst durchkriechen.

Wieder einmal muß ich feststellen, wie angenehm und erholsam das Schlafen in einer brasilianischen Hängematte ist, die man oben überlappen und wie einen Kokon dicht machen kann. 9 1/2 Stunden habe ich gepennt. Frisch und ausgeschlafen bin ich aufgewacht. In keinem noch so guten Bett hätte ich besser und entspannter schlafen können als hier in meiner bequem, sanft schaukelnden Hängematte.

Fahrt am rechten Flußufer mit der Braz Rebelo amazonasaufwärts

Nach einer morgenphilosophischen Viertelstunde klettere ich heraus. Greife mein Waschzeug und begebe mich zu einem der zwei Wasserhähne ein Deck tiefer.

Gleichmäßig, nachdem wir die ganze Nacht durchgefahren sind, setzt die "Bras Rebelo", von ihrem starken Schiffsdiesel angetrieben, ihre Fahrt fort. Ich bin erstaunt, wie schnell wir, obwohl wir durch die Überladung tief im Wasser liegen, vorwärts kommen. Ich schätze, daß wir gut 15 Knoten in der Stunde machen.

Wir sind noch im Rio Breve, einem Seitenarm des Amazonas. Lehmigbraun wälzen sich die Fluten dieses mächtigen Seitenarmes dem Südatlantik zu. Der Strom ist gut 15 - 20 Kilometer breit. Dort, wo Inseln eingelagert sind, noch breiter. Wir fahren jetzt stromaufwärts, dicht am rechten, fast greifbaren Dschungelufer, das wie eine mächtige grüne Wand neben uns steht, entlang. Vom Ufer selbst ist nichts zu sehen. Dicht ist es mit vorgelagerten Mangroven zugewachsen. Große, reiherartige Vögel fliegen auf, wenn wir vorbeifahren. Vereinzelt kommen wir an auf Stelzen stehenden Eingeborenenhütten vorbei. Dort ist das Ufer zum Fluß hin etwas ausgeschlagen. Oft sind dann kleine Stege vorgebaut, an denen Eingeborenenboote angebunden sind. Von den Eingeborenen selbst ist jedoch nicht zu sehen.

So fahren wir den ganzen Tag. Immer knapp unter dem rechten Ufer der dunkelgrünen Dschungelwand entlang. Ab und zu ist eine Stelzenhütte zu sehen und vereinzelt begegnen wir auch Eingeborenen in ihren Langbooten, die sie mit Stechpaddeln vorwärtstreiben.

Wenn man sich im Schatten aufhält, ist es auf dem Schiff direkt angenehm. Der Fahrtwind macht die stehende Luft mit ihrem schwül-heißen Tropentemperaturen erträglich.

Der Fluß und das Dschungelufer verändern sich ständig. Manchmal glaubt man in einen Binnensee einzufahren, wenn er sich plötzlich unendlich weitet, so daß das andere Ufer nur noch als schwacher Strich in der Ferne kaum zu erkennen ist und große Dschungelinseln dazwischengelagert sind.

Wie eine grüne Wand steht der Dschungel am Ufer ...

Dann wieder glaubt man durch einen breiten, schnurgeraden Dschungelkanal zu fahren.

Zweimal am Tag gibt es Essen. Das ist auch im Fahrpreis enthalten. Es sind reichhaltige Portionen. Mittags Hühnchen mit Reis, braune Bohnen und körnig geriebene Hirse. Am Abend körnig geriebene Hirse, braune Bohnen und Reis mit Hühnchen. Es ist zwar nicht abwechslungsreich, aber gut gewürzt und schmackhaft.

Über allem wölbt sich ein blauer Himmel, an dem mächtige Kumuliwolken stehen und von dem heiß die Tropensonne sticht. Dazu regt sich kein Lüftchen, und das Wasser des mächtigen, breiten Flusses ist spiegelglatt. Wie ein Messer durchschneidet der Bug der "Bras Rebelo" den Spiegel.

Langsam neigt sich die Sonne vor uns im Osten dem Horizont zu. Im Süden haben sich mächtige schwarze Wolkenberge aufgetürmt. Wie schwarze Fahnen wehen sie breit zu uns nach Norden. Die ersten Spitzen der Wolkenfahnentücher haben uns schon erreicht. Sind schon über uns. Mit einer Schnelligkeit, die es wahrscheinlich nur hier in den Tropen oder im Gebirge gibt, hat sich das Wetter schlagartig verändert. Wo sich noch vor Minuten eine spiegelglatte Wasserfläche vor uns ausbreitete, schäumen schmutzig-braune, von einem heulenden Wind aufgepeitschte Wellen. Schon ist der Himmel über uns vollkommen schwarz. Nur am Horizont glänzt noch ein freier orange-gelber intensiv leuchtender Streifen, hinter dem sich die untergehende Sonne versteckt. Das ganze wirkt wie eine gestellte unwirkliche Farbsymphonie einer Opernbühne. Der Horizont strahlt in allen Farben, während sich unmittelbar über und vor uns aus dem pechschwarzen Himmel die Schleusen öffnen. Eine Wasserwand mit infernalischem Donner und grellen Blitzen bricht herunter. Die aufprallende Wucht der vom Himmel stürzenden Wassermassen bricht sogar die durch den Sturm aufgewühlten, tosenden meereshohen Wellen.

Der hallende Donner der gebündelten grellen Blitze, die aus den schwarzen Wolken fahren, kracht wie eine Salve schwerer Artillerie. So kracht Salve auf Salve auf Fluß, Dschungel und unsere Nußschale. Doch tapfer und gehorsam stampft unser Schiff von seinem schweren Diesel getrieben, ruhig und sicher mit seiner überladenen Fracht durch dieses Inferno.

Die Sonne geht am immer noch leuchtend-hellen, orange-gelben Horizont vor uns unter.

Wieder wird es eine kohlrabenschwarze Nacht. Wieder kann der Steuermann nichts sehen. Wieder steuert er trotzdem unbegreiflich sicher durch die Nacht, nur daß er zusätzlich durch eine Wand von Regen fahren muß. Das schafft er einsam in seinem seitlich offenen Steuerhaus. Lediglich ein plärrendes scheppperndes Radio, das Musik von irgendeinem Sender aus seinem Lautsprecher schnarren läßt, ist sein Begleiter.

Zwei Tage sind wir seit Belem schon unterwegs. Zwei Tage ununterbrochene Fahrt. Jetzt fahren wir auf dem Amazonas. Heute früh haben wir ihn erreicht. Um 11 Uhr wollen wir in Almerind, einem Dschungelnest am Amazonas, das so etwas wie eine Kreisstadt hier ist, anlegen. Die "Bras Rebelo" hat Ladung für Almerind, die dort gelöscht werden soll.

Über tausend Kilometer sind wir in ununterbrochener Fahrt den Amazonas hinauf in den Dschungelnorden Brasiliens gefahren. Hier ist der Amazonas breiter als der Bodensee.

Fast auf die Minute genau legen wir auf unserer langen Fahrt an. Mitten im Dschungel, am Amazonas, liegt auf einem, zum Fluß hin abfallenden gerodeten Hügel Almerind. Die "Stadt" besteht fast nur aus dem "Hafen" und einigen Hütten. Der "Hafen" ist eine in den Amazonas hineingebaute große hölzerne Plattform, an der die Schiffe zum Ent- und Beladen ihrer Fracht anlegen können.

Die "Stadt" selbst besteht aus einem sich anschließenden, 200 Meter langem Kai, an dem einige Holzschiffe liegen. Einem großen Marktplatz, direkt am Amazonas. Vier Dutzend Steinhäuser, von denen ein Dutzend offene, garagenartige Kneipen sind. Einigen Asphaltstraßen. Einer Kirche und einem Sendemast auf dem Hügel.

Zur Plattform führt eine Straße, so daß Laster auf ihr unmittelbar bis ans Schiff fahren können.

Gestern nachmittag hatte ich ein leichtes Rühren in meinen Därmen und einen beginnenden Durchfall. Daraufhin habe ich nichts mehr vom Schiffsessen, das ausschließlich mit Flußwasser zubereitet wird, gegessen, zwei Kohletabletten genommen und bis jetzt gefastet. Mit dem Ergebnis, daß mich anscheinend die "Rache der Indios" aus den Klauen ließ.

Die Be- und Entladung der "Bras Rebelo" soll bis zum Nachmittag dauern. "Abfahrt nicht vor 16 Uhr", läßt der Capitano verlauten. Das heißt nach brasilianischer Zeitvorstellung also nicht vor 18 Uhr.

Almerind, 1.000 km amazonasaufwärts, der Umschlaghafen der Region, besteht nur aus einem Anlegesteg und zwei Dutzend Gebäuden und Hütten.

Mit Rolli, dem Globetrotter - "ich tramp weiter auf dem Landweg nach Peru" - am Bug der Braz Rebelo

Schon steht Rolli, der Schweizer, mit dem ich mich heute während der Fahrt lange an der Heckreling unterhalten habe, neben mir.

"Komm, Erich. Gehen wir an Land. Irgendwo ein eiskaltes Bier trinken", fordert er mich auf.

Ich steige sofort auf seinen Vorschlag ein. "Auf geht's, Rolli", sage ich. Der Gedanke an ein eiskaltes Getränk ist, nachdem ich in den letzten Tagen nur lauwarmes Wasser aus den vor der Abfahrt in Belem gekauften Plastikflaschen getrunken habe, mehr als verlockend.

Beide schwingen wir uns über die Holzreling auf die Plattform und gehen die paar Meter an Land zur Uferstraße hinter der langen Kaimauer. Die Tropensonne sticht so heiß vom Himmel und ist so feucht-schwül, daß uns von den paar Metern Bewegung schon der Schweiß aus allen Poren bricht und uns das Hemd am Körper klebt.

Am Kai ist gerade Fischmarkt. Große Amazonasfische werden angeboten. Prächtige, oft über einen Meter lange Fische. Manche sehen aus wie große Waller mit ihrem Breitmaul. Sie haben dunkle, hornartige Schuppen.

“Sehen wir zu, daß wir irgendwo einen Fisch zu essen bekommen”, sage ich, angesichts der frischen Prachtstücke vor mir zu Rolli.

Dem ist anscheinend auch schon das Wasser im Munde zusammengelaufen. In seinem schweizerischen Singsang meint er nur: “Das ist eine gute Idee. Aber wo?”
“Mach dir darüber keine Sorgen. Du mußt fragen, fragen”, entgegne ich ihm. “Irgendwo finden wir schon etwas. Aber noch ist es zu früh. Gehen wir erst einmal dort drüben in einen Schuppen. Ein Bier trinken.”

Rolli ist einverstanden, und zwei Minuten später sitzen wir an einem halbwegs sauberen Tisch in einer der nach vorne offenen Kneipen, haben ein eiskaltes Bier und eine eiskalte Cola vor uns stehen. Das Bier ist für Rolli, die Cola wegen meiner noch schonungsbedürftigen, sich aber noch tadellos verhaltenden Därme, für mich. Cola, so habe ich mir sagen lassen, sei in solch einem Fall - dem Durchfall - gut. Also trinke ich es einmal, obwohl sonst das ganze Jahr kein Tropfen Cola über meine Lippen kommt.

Nicht weit von uns fällt mir ein kleiner dunkelbrauner Junge auf. Er ist etwa 5 - 6 Jahr alt. Er macht sich überall nützlich. Mal nimmt er den Besen und kehrt, mal staubt er irgend etwas ab. Jetzt sitzt er am Tisch gegenüber, hat den Kopf zwischen die Hände gestemmt und beobachtet uns. Das wirklich Auffallende an ihm sind seine ins Rötliche gehenden blonden Haare über seinem etwas vorspringenden, pinocchiohaften Indiogesicht, aus dem zwei große braune Augen strahlen.

Er sitzt nur da und schaut uns interessiert an.

“Willst du eine Cola?” frage ich ihn. Bestimmt und heftig schüttelt er mit dem Kopf.
“Keine Cola?” locke ich.

Fische - Fische - Fische ...

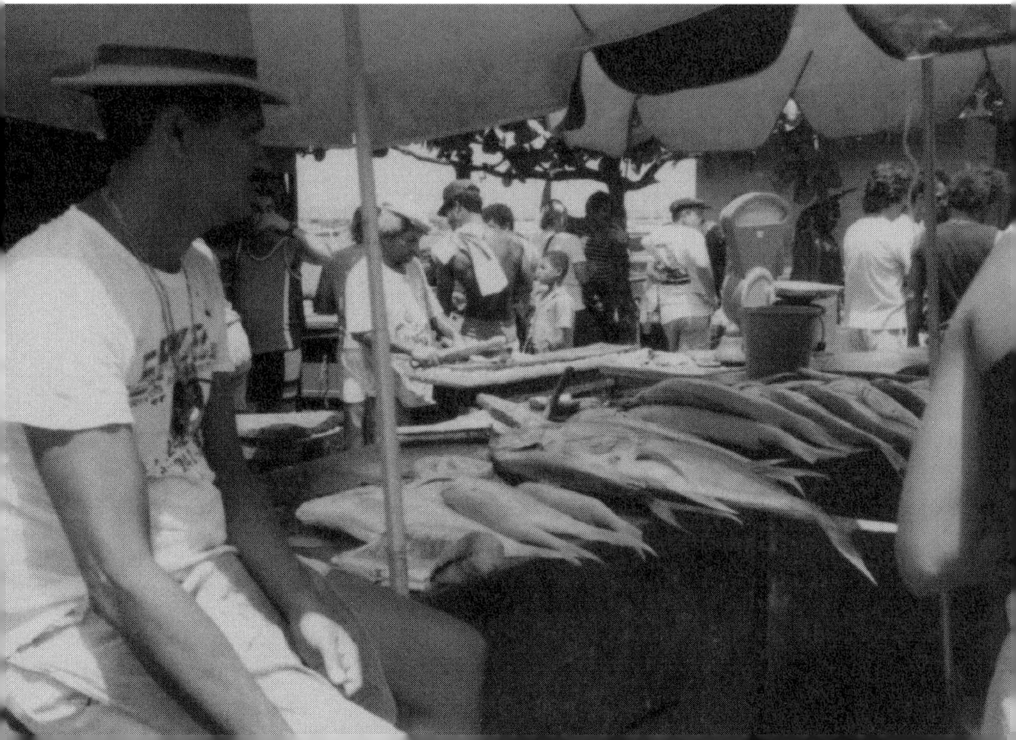

... der Amazonas bietet sie in großen Mengen und von skurrilster Art.

Wieder das energische Kopfschütteln.
"Wirklich keine Cola oder eine Limo?"
Wieder das gleiche verneinende Kopfschütteln.
"Das gibt's doch nicht", denke ich und lasse ihn vorläufig in Ruhe.

Der jedoch hat sich schon wieder eine Arbeit verschafft und kehrt jetzt den schmalen Gehsteig vor dem Schuppen.

Rolli und ich unterhalten uns. Er trinkt das zweite Bier. Ich die dritte Cola.

Wieder setzt sich der kleine braune Junge mit den rötlich blonden Haaren uns gegenüber und beobachtet uns aufmerksam.
"Keine Cola?" locke ich wieder.
Wieder ist energisches Kopfschütteln seine Antwort.
"Komm, du willst doch eine Cola", versuche ich es noch einmal in meinem holprigen Portugiesisch.

Da vergißt er endlich das Kopfschütteln und nickt nun genau so energisch.

Ich bestelle für ihn eine Cola, über die er sich auch sofort mit einem Strohhalm hermacht.

Rolli und ich haben eine Art Gesundheitskuchen aus der Glasvitrine, die auf der Theke des "Jefe" steht, bestellt. Er schmeckt tatsächlich hier im Dschungel auch wie ein Gesundheitskuchen.

Den kleinen Braunen mit den rötlich blonden Haaren frage ich auch, ob er einen Kuchen will.
Wieder schüttelt er energisch ablehnend mit dem Kopf.
Nach dem dritten Fragen und Kopfschütteln kommt der erste Satz aus seinem Mund.
"No, Queso."
"Was will er?" frage ich den Jefe hinter der Theke.
"Queso - Käse", sagt der und deutet auf ein großes Käsestück unter einer Glasglocke, die auf seiner Theke steht.

In der Zwischenzeit ist Rolli mit einem Mexikaner, den er vom Schiff her kennt, zu einem kurzen Spaziergang den Kai entlang weggegangen.

Ich bleibe hier. Bei dem Jungen.

Der hat sich bereits mit seiner Cola mir gegenüber an meinen Tisch gesetzt. Ich bestelle ihm seinen Queso, der vom Jefe auf einem Papier auf den Tisch gebracht wird. Ich schiebe dem kleinen Pinocchio den Queso hin.
"Hier, dein Queso. Der ist für dich."
Doch der schiebt ihn zurück.
"Primero tu comes", sagt er dabei. Zuerst soll ich essen.

Ich breche mir ein kleines Stück ab, stecke es in den Mund und schiebe ihm das Papier mit dem Käse wieder zu. Erst jetzt ißt auch er, nachdem er sich ein Stück abgebrochen hat und schiebt sofort wieder das Papier mit dem Käse zu mir herüber.

In einem einheimischen "Restaurant" am Amazonas

Er ißt erst dann wieder, wenn ich mir ein Stück davon abgebrochen habe und ich es esse. Keiner meiner Proteste nützen da was.

So essen wir beide wechselseitig, uns mit Wortbrocken dabei unterhaltend, lachend den Käse auf, wobei ich ihn fortan nur den "pequeno Queso" - den kleinen Käse - nenne. Er bekommt von mir noch eine Cola, die er auch diesmal gleich nickend annimmt und dasselbe Hin- und Herspiel beginnt mit dem Austrinken der Cola-Flasche. Er trinkt nicht eher einen Schluck, bevor nicht ich getrunken habe.

In der Zwischenzeit kommt Rolli mit dem Mexikaner zurück. Ich zahle und verabschiede mich von dem kleinen Queso und gehe mit den beiden zum Schiff zurück. Unterwegs erfahren wir durch Indios, daß es weiter hinten, im Stelzendorf, am Ende der langen Kaimauer, irgendwo Fisch zu essen gibt.

Ein Blick über die Kaimauer läßt mich baff erstaunen. Die Schiffe liegen alle auf einem schlammigen Untergrund trocken. Es ist Ebbe, obwohl der mächtige Amazonas erst über 1.000 Kilometer weiter östlich im Südatlantik mündet.

Auf dem Schiff halte ich mich nur kurz auf. Wasche mir das Gesicht und hole meine Kamera. Dann gehe ich mit Rolli wieder von Bord, um hinten, in dem in den Fluß gebauten Indio-Stelzendorf das Fischessen zu organisieren.

Verwertet wird alles, es bleiben nur Hörner und Schnauze übrig.

"Metzgerladen" unter freiem Himmel bei über 40°C und hoher Luftfeuchtigkeit - was würde da unser Gewerbeaufsichtsamt dazu sagen?

Als wir das Schiff und die Holzplattform wieder verlassen haben und uns einem halbverfallenen Haus am Hafeneingang nähern, sehe ich ihn schon. Es ist mein "pequeno Queso", der aus einer leeren Fensterhöhle spitzt.

"Queso", rufe ich erfreut. Er lacht über sein ganzes Pinocchio-Gesicht, so daß breit seine Zähne sichtbar werden. Er ist uns also lautlos gefolgt und hat uns auch auf dem Schiff, Abstand haltend beobachtet. Den Abstand hält er auch jetzt ein. Denn als ich zu ihm hinrufe: "Queso, was machst du denn hier? Komm doch her", rührt er sich nicht vom Fleck. Er lacht, aber er hält Abstand wie ein freier, scheuer Vogel.

Als wir nach links gehen und an der langen Kaimauer entlang dem ca. 500 m entfernten, in den Amazonas hineingebauten Stelzendorf zustreben, trollt er einsam im Abstand hinter uns her. So marschieren wir unter der brasilianischen Tropensonne auf der schattenlosen Uferstraße Richtung Stelzendorf. Queso mit uns. Mal ist er hinten, mal neben uns, und nachdem er unsere Marschrichtung erkannt hat, auch vor uns. Immer aber in einem gewissen Abstand zu uns. Doch mit der Zeit, und da ich mich zwischendurch unterhalte, wird der Abstand immer geringer. Als wir das Stelzendorf erreicht haben und gerade den Holzsteg, der wie eine verzweigte Straße durch die Hütten führt und so sie verbindet, betreten, ist Queso neben mir. Auch hier ist durch die Ebbe das Wasser unter den langen Stelzen verschwunden und sie stecken jetzt in dem halbgetrockneten Uferschlamm.

Nachdem wir dreimal unterwegs gefragt haben, sitzen wir nun hier in einer Hütte. Es ist ein Indio-“Restaurant”. Doch haben darin nicht mehr als 7 Personen an zwei kleinen Tischen hinter der offenen Türe Platz. Durch die Holztheke ist der schmale Raum geteilt und dahinter kocht und brutzelt eine Indio-Mama auf einem offenen Feuer. Hinter ihr, durch das offene Fenster, kann man den Amazonas sehen.

Wir setzen uns an einen der beiden Tische und bestellen “Peixe” - Fisch. Queso sitzt auch bei uns. Wie gewöhnlich will er nichts. Weder eine Cola noch etwas zum Mittagessen. Obwohl ich ein Dutzendmal nachhake. Statt dessen folgt er seinem Bewegungstrieb und turnt an allem, was aus Stangen, Balken und Brettern besteht, herum, dabei nicht vergessend, zwischendurch zu uns hereinzuschauen.

Nach einer Viertelstunde bekommen wir gebackene Amazonas-Fische serviert. Sie sind ein Gedicht. Jedenfalls habe ich so etwas Köstliches von Fisch schon lange nicht mehr gegessen. Beim Essen schaut uns die ganze Familie zu und freut sich, wie es uns schmeckt. Selbst Queso läßt sich von mir überreden, noch eine Limo zu trinken.

Nach dem guten Essen treten wir gemeinsam den Rückmarsch zum Schiff an. Queso ist neben mir und weicht nicht von meiner Seite. Und plötzlich, während ich mich mit Rolli unterhalte, schiebt sich sacht seine kleine linke Hand in meine rechte. So gehen wir gemeinsam die lange Strecke

Auf der Braz Rebelo im Passagier-Oberdeck

zurück zum Schiff. Wir zwei Großen und der kleine Queso, der eifrig neben uns hertrippelt.

Das Entladen des Schiffes ist fast beendet. Er ist nicht zu fassen, was so ein überladener Kahn den Amazonas heraufschleppt. Tonnen von Säcken Zement sind bereits entladen und auf der Plattform aufgeschlichtet. Dazu etliche Tonnen Dünger, gestapelte Getränkekästen, Kisten und Ölfässer. Die Bordkante unserer "Bras Rebelo" hat sich fast 2 Meter gehoben.

Da unser Schiff erst in einer Dreiviertelstunde abfahren soll, gehe ich noch einmal von Bord, obwohl ich mich schon von Queso verabschiedet hatte. Der ist jetzt draußen hinter einem Holzverschlag irgendwo verschwunden. Unten an dem entladenen Kistenstapel steht Rolli. Ihn frage ich, wo Queso ist.
"Den habe ich vorhin gesehen, als er von Bord ging. Der hat fei geheult. Ich glaube, der hat sich irgendwie zwischen den Kisten verkrochen."

Ich schaue zwischen den Stapeln entladener Kisten nach und tatsächlich hinten dazwischen da sitzt er. Mein kleiner Queso. In seiner Art, die ich ja kenne, hat er sich wie ein verwundetes Tier, zwischen den Kisten verkrochen. Dicke Tränen laufen ihm die Backen herunter.
"Queso", rufe ich, "Queso, komm raus. Komm mit mir zum Jefe."

Wie immer, muß ich erst dreimal rufen bis er sich rührt. Zögernd kommt er, mein kleiner Pinocchio mit den rötlich blonden Haaren.

Ich nehme ihn an der Hand und dann laufen wir zu zweit die Plattform hinunter über den Platz vor dem Hafen, hinüber zur Kaschemme von Jefe. Queso bekommt eine Cola, obwohl er, wie immer, erst energisch mit dem Kopf schüttelt. Ich trinke auch eine. Dann kriegt Queso seinen geliebten Queso, bei dem er nur einmal mit dem Kopf schüttelt, bevor er nickt. So sitzen wir beide nun da und essen gemeinsam unseren Käse. Wie gehabt, schiebt Queso immer wieder das Papier mit dem Käse zu mir herüber,

Nicht zu fassen, was dieser schwimmende Holzlastesel in seinem Bauch transportiert.

wenn er ein Stück abgebrochen und in den Mund geschoben hat. Er ißt erst dann wieder, wenn ich mir auch ein Stück davon in den Mund gesteckt habe. Ich merke, Queso ist glücklich. Schon tutet die “Bras Rebelo”. Ich zahle, und im Laufschritt renne ich mit Queso an der Hand über den Marktplatz auf die Plattform. Dort verabschiede ich mich von ihm und gehe aufs Schiff. Kurz darauf fahren wir ab.

Doch unendlicher Abschied kann ja so grausam sein, so wie der mit meinem kleinen Queso.

Wir fahren zwar ab. Legen aber 500 m weiter, am Ende des Kais an einer Tankstellen-Plattform zum Dieselbunkern wieder an. Das sieht natürlich auch Queso, der das Abfahren des Schiffs mit seinen Augen verfolgt hat. Er läuft so schnell er kann, den Kai entlang und ist fast gleichzeitig auf der Tank-Plattform. Als er mich an der Reling entdeckt, spielt er hinter Kisten Verstecken. Jedesmal, wenn ich ihn sehe, verschwindet er und taucht dann an einer anderen Ecke wieder auf.

Von dort verschwindet er erst dann, wenn ich ihn auch gesehen habe. So turnt er auf Verschlägen und Kisten herum. Er kommt auch auf das Schiff. Macht sich auch bemerkbar, damit ich ihn sehe. Doch er hält Abstand. Kommt nicht mehr zu mir her. Wenn ich auf ihn zugehen will, verschwindet er. Das geht mindestens eine halbes Dutzend Mal so.

In der Zwischenzeit wird es dunkel. Erst gehen die Lichter der Plattform und der Tankstelle an. Dann gehen sie aus. Wir fahren aber immer noch nicht. Kein Mensch ist mehr auf der dunklen Plattform. Nur Queso sitzt einsam und allein auf der höchsten Buhne und schaut zum Schiff herüber. Endlich wird der Schiffsdiesel angeworfen und wir fahren ab. Ich stehe am erleuchteten Heck und winke. Queso auf seiner einsamen Buhne kann ich nur als dunklen kleinen Schatten sehen. Der wird noch kleiner, bis er dann als Punkt verschwindet. Ich winke, so lange ich kann, da ich glaube, daß meine winkende Bewegung im Licht des erleuchteten Hecks noch lange für ihn zu sehen sein wird.

Ob er zurückwinkt? Ich glaube es nicht. Es ist nicht seine Art. Seine Art ist das Kopfschütteln.

Er wird alleine, einsam auf seiner Buhne sitzen. Er wird dem Schiff nachsehen. Versuchen, mich so lange wie möglich darauf zu erkennen. Dabei werden ihm die Tränen die Backen herunterrollen. - Auch mir werden die Augen naß. A Dios - mit Gott - Queso, mein kleiner Freund.

Brasilien
Manaus
Die berühmte Oper von Manaus,
in der schon Caruso gesungen hat.
Palace-Hotel
Hotel Sao Pe
RIO NEGRO
Rua Luiz Antony
Rua Simão Bolivar
Rua Ferreira Pena
Rua Mons. Coutinho
Rua A. Amorim
Av. Epaminondas
Rua Dez de Julho
Rua X. de Mendonça
Av. Eduardo Ribeiro
Rua J. Clemente
Av. Getúlio Vargas
Rua Joaquim Nabuco
Rua 24 de Maio
Rua Barroso
Rua J. Sarmento
Rua Saldanha Marinho
Rua Frei J. dos Inocentes
Rua Itamaracá
Rua G. Vitorio
Rua Ruy Barbosa
Rua Lauro Cavalcante
Av. Sete de Setembro
Rua V. Mauá
Rua Marechal Deodoro
Rua Guilherme Moreira
Rua Marcílio Dias
Rua Dr. Moreira
Rua Floriano Peixoto
Rua Leoveg. Coelho
Rua Dr. Almino
Rua J. Paranaguá
Rua Izabel
Rua Quintino Bocaiuva
Rua Marquês de St.ª Cruz
Rua dos Andradas
Rua Miranda Leão
Rua dos Barés
Rua Pedro Botelho

6. In Manaus, am Rio Negro

Santarem – Abschied von der "Bras Rebelo" – In Manaus, der Großstadt im Amazonasdschungel – Absteige "Palace Hotel" – Im Hafenhotel am Rio Negro – Die Kitschoper von Manaus – Chinesisches Essen und brasilianischer Wein – Auf dem Rio Negro – Very nice und beautiful – Das Känguru und die Boa.

Die Sonne ist untergegangen. Schnell wird es dunkel. Der südliche Sternenhimmel Brasiliens leuchtet vom Firmament, während wir in die Nacht, den Amazonas aufwärts fahren. Im Gegensatz zu den letzten Tagen erhellen heute die Sterne den Amazonas. Vor allem die Venus ist es, die hier wie ein kleiner Mond herunterleuchtet. Ihr Licht spiegelt sich wie Mondlicht in den Wellen vor dem Schiff.

Schon früh bin ich aus der Hängematte geklettert. Wieder einmal habe ich geschlafen wie ein König und bin jetzt putzmunter, obwohl es erst 6 Uhr früh ist. Vom blauen Tropenhimmel sticht wieder die Sonne auf den Amazonas.

Die Uferlandschaft hat sich verändert. Der Dschungel am Ufer ist durch Brandrodung verschwunden und auf dem so gewonnenen Weideland mit vereinzelt stehengebliebenen Urwaldriesen grasen Rinder und Büffelherden.

Trotz der Frühe des Tages ist es schon heiß. Nur durch den Fahrtwind spürt man die Hitze nicht. Doch das ändert sich, als wir gegen Mittag Santarem erreichen. Santarem, 1.600 Kilometer von der Amazonasmündung entfernt, ist eine Industriestadt an der Mündung des Rio Tabajos, der hier in den Amazonas fließt. Durch Funde von Bodenschätzen und deren Ausbeutung ist hier mitten im Amazonasdschungel eine Großstadt mit 150.000 Einwohnern entstanden.

Hier in Santarem ist für mich Endstation auf der "Bras Rebelo". Die "kurze" Reststrecke von knapp 1.400 Kilometer nach Manaus will ich fliegen.

Schnell ist die Hängematte zusammengerollt und eingepackt. Kurze Verabschiedung von den beiden Schwaben. Dann springe ich mit meinem leichten Fallschirmjägergepäck von Bord. Mitten hinein in die Mittagshitze.

Auch Rolli ist mit mir von Bord gegangen. Er will von hier aus auf dem Landweg mit Bus und Transportfahrzeugen weiter nach Peru. Am Hafen von Santarem verabschieden wir uns. Er will mit dem Bus in die Stadt. Ich zum außerhalb liegenden Flughafen. Als sein Bus als erster kommt, geben wir uns die Hand, nachdem wir vorher unsere Adressen ausgetauscht haben.
"Mach's gut, Erich."
"Mach's gut und viel Glück, Rolli."
Er steigt ein, winkt noch einmal und entschwindet mit dem Bus in der flimmernden Hitze Richtung Stadt.

Ich muß noch etwas warten und verstecke mich unter dem Schatten eines Baumes in der Nähe, um in dieser stehenden Hitze keinen Hitzschlag zu bekommen.

Nach einer halben Stunde kommt auch mein Bus die staubige Straße herunter. Er hält. Ich steige ein und fahre wild schaukelnd mit ihm die 10 Kilometer zum Flughafen von Santarem.

Rio Negro bei Manaus von der Dachterrasse des Hotels "Sao Pedro". Bis hierher können Hochsee- und Kreuzfahrtschiffe fahren.

Es ist schon dunkel, als ich in Manaus lande. Wieder muß ich die Uhr um eine Stunde zurückstellen. Gegenüber Recife sind es jetzt insgesamt zwei Stunden Zeitunterschied.

Der Airport von Manaus ist ein riesengroßer, supermoderner Flughafen. So wie in Belem und Recife ist die Halle mit ihren Gates und Läden offen.

Einsam und verloren stehe ich in der weiten Halle. Durch die Zeitverschiebung ist es zwar erst 8 Uhr abends, aber wie immer hier in den Tropen, stockdunkel draußen. Jetzt aus dem Schutzbereich der Luftkühlung im Flugzeug, klebt mir alles am Leib und dick perlen die Schweißtropfen von Stirne und Körper. Obwohl die Sonne schon lange verschwunden ist, ist es brütend heiß. Die hohe Luftfeuchtigkeit hier im Zentrum des Amazonasdschungels kommt noch hinzu. Es ist unerträglich schwül.

Wo soll ich hin? Ich habe kein Hotel, keine Unterkunft. Ich weiß nicht einmal, in welcher Richtung ich zur Stadt muß und wie weit sie weg liegt.

Die Information, die ich hier erhalte, ist vollkommen unzureichend. Kein Mensch spricht auch nur die Spur von Englisch. Das brasilianische Portugiesisch ist hier kaum verständlich ... und außerdem weiß keiner etwas.

So stehe ich also, einsam und allein, zwischen den in allen Hautfarben um mich herumquirlenden Massen.

“Wünschen sie ein Hotel, Sir?” höre ich eine englische Stimme.
Ich glaube einer Halluzination zu unterliegen, die mein Wunschdenken neutralisieren will. Ich bin vollkommen verdattert.

“Wünschen sie ein Hotel, Sir?” höre ich erneut die Stimme. Ich drehe mich in Richtung Stimme und ein großer, schlanker dunkelhaariger Brasilianer steht vor mir. Dunkles kurzärmeliges Hemd, dunkle Hose. Unter dem rechten Arm hat er eine Mappe. An seiner linken Brusttasche ist eine Plastikkarte mit Paßbild befestigt. Er lächelt mich an.

Holzschiff-Werft am Amazonas

Doch schon rasseln die Sicherheitsschalter bei mir. Vorsicht Schlepper. Sofort spiele ich den Desinteressierten. Dabei ist mir schon klar, daß ich ihn brauche, um hier wegzukommen. Es fragt sich nur, zu welchem Preis.
“Welche Hotels hast du?” frage ich zurück.
“Alle.”
“Wie sind die Preise?”
“Welchen Preis möchtest du zahlen? ‘Tropical Hotel’ 1.000 Cruzados?”
“Nicht so teuer”, sage ich nur.
Er zeigt mir eine verwirrende Liste von Hotels mit phantastischen Namen, mit denen ich aber überhaupt nichts anfangen kann.
“Ein Hotel für 200 - 250 Cruzados”, halte ich dagegen.
“Ja, habe ich.” Er zeigt mir auf seinem Prospekt einige Hotels.
“Erst muß ich wechseln und ein Flugticket nach Iguazu über Brasilia buchen”, halte ich dagegen.
Ich versuche Zeit zu gewinnen und halte Ausschau, ob nicht irgendwo eine Konkurrenz von ihm herumläuft, damit ich bessere Karten habe. Doch nichts Derartiges ist weit und breit in dem Gewimmel auszumachen. Um hier wegzukommen, brauche ich ihn jetzt.
“Kein Problem”, sagt er. “Wechseln morgen und Flugticket buchen auch morgen im Office in der Stadt.”
Also komme ich mit.

Er geht voraus. Gemeinsam steigen wir in einen alten klapprigen VW-Bus mit der Aufschrift “Iguana-Tours”. Dann fahren wir los. Gut 10 Kilometer bis ins Zentrum von Manaus. Alle Augenblicke denke ich, der Bus fliegt auseinander, so scheppert und schlägt es. Bei jedem größeren Schlag dreht sich der Fahrer vor mir herum und lächelt mich freundlich an. So, als hätte er mir damit eine besondere Freude bereitet. Auch der Brasilianer neben mir lächelt mich an und versucht mir aus seiner Mappe wortreich irgendwelche Boots- und Dschungeltouren anzudrehen. Das Schaukeln und Scheppern und der Krach im Schrott-VW-Bus erleichtert mir wesentlich eine Absage. Ich sage nur immer: “Alles morgen.”

In der Zwischenzeit sind wir in Manaus angekommen. An einem - wie

Bootsanlegesteg der Holzschiffe in Manaus

alle anderen - halbzerfallenen Haus in der Straße "7 do novembro" halten wir. Ich bin im "Palace Hotel".

Ich trete in das absteigeähnliche Hotel und gehe zur schmalen Rezeption über den fleckigen und speckigen Teppichboden, dessen Farbe kein Mensch mehr erahnen kann. Doch im Augenblick ist mir das alles wurscht. Hauptsache, ich habe eine Unterkunft. Morgen sehen wir weiter. Ein leichter Lufthauch läßt Air-condition vermuten. Nachdem ich 20 Cruzados vorausbezahlt habe, bekomme ich einen Schlüssel. Das Zimmer ist im ersten Stock. Bis ich da hinaufkomme, bin ich fast erstickt in der schwülheißen Luft.

Es ist ein schmales Zimmer mit einem Bett und einem abgeteilten Waschraum mit Dusche. Alles genau so schmuddelig wie unten. Nur mit dem gravierenden Unterschied, daß mich die Luft eines Eiskellers anbläst. Angesichts der schwülheißen Umgebungstemperaturen sind das direkt paradiesische Verhältnisse, die sofort aufs Wohlbefinden schlagen und alles andere, Negative sofort vergessen lassen. Jedenfalls, die Air-condition in diesem Zimmer scheint zu funktionieren.

Ich knalle mein Gepäck aufs Bett, reiße mir Hemd und Hose vom Körper und gehe als erstes unter die Dusche. Seit meinem Abflug von Recife in der vergangenen Woche die erste Dusche. Der Schweiß von Belem, von der Fahrt auf dem Amazonas und jetzt hier von Manaus läuft mir unter der Dusche mit der Seife in Bächen vom Körper. Da macht es auch gar nichts, daß nur kaltes Wasser aus dem Brausekopf kommt.

Wie neugeboren verlasse ich den Waschraum und betrete mein Eiskellerverlies. In meiner Umhängetasche habe ich noch in meiner in Recife gekauften Rumflasche einen kleinen Rest. Den führe ich mir in kleinen Schlückchen zu Gemüte.

So, nach diesem Bad und der geistigen Versorgung ist die Welt wieder in Ordnung. Alle vergangenen und gegenwärtigen Strapazen sind vergessen.

Nach dieser Erholungspause verlasse ich das Hotel und trete hinaus in die feuchtheiße Schwüle von Manaus, der Großstadt im Dschungel des Amazonasbeckens.

In der Stadt ist das Chaos des Dschungels voll erhalten. Alles ist dreckig und verwahrlost. Überall liegt der Abfall herum. Man muß aufpassen, daß man nicht in eines der zahlreichen offenen und eingebrochenen Kanallöcher fällt. Dazu die halbdunkle Straßenbeleuchtung und die halbzerfallenen Häuser.

Es ist 23.00 Uhr. An der Rezeption habe ich mir ein Restaurant sagen lassen. Dahin stapfe ich vier Straßenzüge durch den Dreck und finde es auch oben; dort, wo die Straße auf einem Hügel an einer verkommenen Grünanlage endet. Im Gegensatz zu anderen brasilianischen und südlichen Städten ist fast kein Mensch mehr auf der Straße. Alles macht einen düsteren und etwas unheimlichen Eindruck.

In dem halbleeren Lokal trinke ich erst einmal einen Chopp eiskalten Bieres. Es ist eine Art brasilianische Pizzeria. Ich esse eine Pseudo-Lasagne, die ich aber halb stehen lasse. Trinke noch ein Chopp Bier und wandere wieder in mein Hotel zurück.

Wunderbar habe ich geschlafen. Um 6.00 Uhr bin ich wach. Wasche mich und frühstücke. Um 7.00 Uhr bin ich in den Straßen von Manaus. Jetzt im pulsierenden Leben ist der Schock von gestern überwunden. Die Stadt ist ein Spiegelbild des Dschungels um sie herum. Mit Leben erfüllt, wuchert sie. So, wie das scheinbare Chaos des Dschungels sich in eine filigrane Ordnung hineinevolutioniert hat, so ist es auch in dieser Stadt. Jetzt, am Tage, lebt sie. Man sieht nicht mehr die halbzerfallenen Fassaden, sondern das Quirlen der Menschen, die die Straßen füllen. Die ganze Stadt hier im Hafengebiet besteht aus fliegenden Händlern und Straßenständen. Alles, aber auch alles, wird auf Tischen und Säcken auf der Straße angeboten. Vom Messer bis zur Feile. Vom Spiegel zur Uhr. Dazwischen wieder sind tropische Obstmärkte. Nach dem Schock gestern nacht finde ich die Stadt jetzt, in ihrem lebendigen Pulsieren, direkt liebenswert.

Nicht weit vom Hotel ist der Hafen. Hier liegen, 3.000 Amazonas-Kilometer von der Mündung entfernt, im Rio Negro, dicke Überseeschiffe. Bis hierher, 3.000 Kilometer im Landesinneren von Brasilien, sind der Amazonas und der Rio Negro mit Ozeanschiffen befahrbar.

Ich gehe hinunter zum Hafen. Dort sind die roten Laterit-Straßen noch vollkommen unbefestigt. Sie sind mit metertiefen, mit Wasser gefüllten Löchern nur so gespickt. Alles wimmelt hier von Hafenarbeitern, zerlumpten Indios. Schiffe werden in tropischer Hitze von ihnen be- und entladen.

Ich gehe wieder ins Hotel. Um halb 11.00 Uhr will mein Führer von gestern kommen. Pünktlich nach brasilianischer Zeit, also eine halbe Stunde später, um 11.00 Uhr erscheint er dann auch. Gemeinsam gehen wir in sein Office. Dann zu einer Bank, bei der ich 300 US-Dollars zum Kurs von 11 Cruzados pro Dollar = 3.300 Cruzados, abhebe. Dann geht es in der schwülfeuchten Hitze zu Fuß wieder zurück.

Unterwegs gehen wir ins Office der Inter-Brasil. Mit seinem Portugiesisch sorgt Markus, mein "Schlepper" von gestern, dafür, daß mit meinem Ticket nach Iguazu über Brasilia und Sao Paulo alles klar geht. Geschafft von der Hitze treffen wir wieder in sein Office ein. Dort buche ich eine 3-Tagestour mit einem Indioführer durch den Dschungel.

Als nächstes ziehe ich aus meiner Absteige, dem "Palace-Hotel" aus, ins "Sao Rafael", direkt am Hafen. Das "Sao Rafael" ist ein sauberes Hotel mit Schlaf- und Waschraum. Mit Dusche und Toilette. Farbfernseher und guter Air-condition. Von der offenen Dachterrasse, auf der sich auch das Restaurant befindet, hat man einen fantastischen Panoramablick auf Manaus und den Rio Negro.

Während direkt unter mir in der Tropenhitze von der verschlammten Hafenstraße aus Lastwagen Bananen auf kleine Flußschiffe verladen werden, liegen auf dem Rio Negro dahinter große Ozean- und Tankerschiffe auf Reede. Der Rio Negro dürfte hier gut 25 Kilometer breit und soll über 100 Meter tief sein.

Manaus ist eine Dschungel-Großstadt. Sieht man die verwegenen Gestalten und Gesichter aller Hautfarben, die hier herumlaufen, dann glaubt man sich immer noch zurückversetzt in die Zeiten, da sich hier in Manaus, mitten im Dschungel des Amazonas, die Abenteuerer aller Länder ein Stelldichein gaben und als Kautschuksammler am weißen Gold, der Latexmilch der Kautschukbäume, partizipieren wollten. Damals entstand Manaus und entwickelte sich als blühende Goldgräbermetropole. Aus dieser Zeit stammen auch die im portugiesischen Kolonialstil gebauten Häuser der Altstadt. Sie lassen in ihrer barocken Schönheit den Reichtum dieser Epoche erahnen. Leider ist heute alles verfallen. Der Lebensstil hier scheint zu sein, alles nur einmal zu bauen und dann verrotten zu lassen, bis es zusammenfällt. Da täuschen auch die Stockzähne der modernen Hochhäuser nicht darüber hinweg. Die sehen, je nach Baujahr, genau so aus.

Aus dieser Zeit - Ende des letzten, Anfang des jetzigen Jahrhunderts - stammt auch die Oper, auf die die Einwohner von Manaus so stolz sind. An ihr merkt man deutlich das damalige Neureich-Prestigedenken, bei dem Geld keine Rolle spielte. Die Oper von Manaus ist ungefähr das Kitschigste, das man sich denken kann. Auf einem kolonialen portugiesischen Pseudobarock hat man eine majolica-verfugte Moscheekuppel gesetzt. Ausgerechnet dieser Schandfleck ist als einziges Gebäude renoviert, während man alle anderen, teilweise herrlichen Kolonialbauten der Altstadt restlos verfallen läßt.

Obwohl ich anfangs ob des Drecks und des Chaos geschockt war, beginne ich diese Stadt wegen ihres ungezwungenen, vielfältigen pulsierenden Lebens zu lieben. Sie strahlt immer noch etwas von Pioniergeist und Gründerleben hier mitten im Dschungel aus.

Die ganze Stadt ist ein einziger Markt. Jeder verkauft hier irgend etwas. Am verrücktesten sind die Geflügelmärkte dazwischen. Da sitzen die angebotenen Hühner vollkommen frei, brav in langer Reihe nebeneinander auf dem Gehsteig und blinzeln in die Sonne. Oft dreißig bis fünfzig Hühner nebeneinander. Keines läuft herum oder gar weg. Dazwischen

Enten, die in Gruppen auf dem Gehsteigasphalt stehen und sich ebenfalls nicht von der Stelle bewegen.

Wie ein Maestro hinter seiner Truppe sitzt der Verkäufer erhöht auf einem Schemel. Mit seinen brav am verkehrsreichen Straßenrand vor ihm sitzenden Hühnern und stehenden Enten hat er keinerlei Probleme. Ist er sich mit einem Käufer einig, packt er das entsprechende Huhn und übergibt es dem Käufer. Ein anderes, das in der Reihe außen sitzt, wird einfach umgruppiert, um die Lücke auszufüllen. So wird bei gutem Verkauf die lange Reihe der Hühner und die Gruppe der Enten immer kleiner.

Am Abend esse ich in einem chinesischen Restaurant gebratene Ente - es ist vielleicht eine der auf der Straße gekauften. Dazu trinke ich eine Flasche brasilianischen Weißwein, einen Vinho branco. Es ist ein Forestier. Er kommt aus dem Süden Brasiliens, ist halbtrocken und gut gekühlt getrunken, ein ganz ausgezeichnetes Tröpfchen. Die Flasche kostet 25 Cruzados, das sind nach dem jetzigen Kurs noch nicht einmal DM 4,–.

Ich sehe zu, daß ich nicht so spät ins Hotel komme, denn morgen wird es anstrengend. Es geht 3 Tage in den Dschungel, den Rio Negro hinauf. Außerdem sehnt man sich bei der konstanten heißen Schwüle hier, daß man in einen Raum mit einer Klimaanlage kommt, und das ist eben mein Hotelzimmer.

Im Fernsehen ist der Teufel los. Am 15. November sind in Brasilien Präsidentschaftswahlen, und da werden von früh bis abends in längeren Filmspots die Kanditaten vorgestellt ... und das sind nur 24.

Um 9.30 Uhr legen wir mit einem kleinen Motorschiff von Manaus ab und fahren auf dem schwarzen Wasser den Rio Negro hinunter. Außer der brasilianischen Schiffsbesatzung (der Käptn und 2 Mann) sind wir 7 Passagiere. 2 Franzosen, 2 Americanos, ein Schweizer, der in London lebt, mit seiner deutschen Frau und ich.

Zunächst geht die Fahrt den Rio Negro abwärts, bis zu seiner Mündung in den Amazonas. Dort bietet sich uns ein Schauspiel besonderer Art. Schwarz sind die Fluten des Rio Negro, lehmbraun die des Amazonas, der bis hierher noch Rio Solimoes heißt. Dort, wo die beiden Riesenströme zusammentreffen, vermischen sich nicht etwas die Farben der Flüsse, sondern sie fließen scharf abgetrennt nebeneinander her. Dabei ist die Trennungslinie von schwarzem und braunem Wasser wie mit einem Lineal gezogen. Man kann mit dem Schiff auf ihr entlangfahren. Wie das Öffnen eines Reißverschlusses wirkt dann der Bug des Schiffes. Während auf dessen linken Seite das schwarze Wasser an der Bordwand vorbeirauscht, ist es auf der rechten Seite des braune Wasser des Amazonas.

Wir fahren ein ganzes Stück dieser phänomenalen Wasserfarbkante auf den wild rauschenden Urwaldströmen entlang. Dann verlassen wir den Rio Negro und schippern am rechten Dschungelufer den Amazonas hinauf. Nach etwa 2 Stunden biegen wir dann in einen der unzähligen Seitenarme ein. Obwohl jeder dieser Seitenarme Hunderte von Kilometer lang ist, wirkt er mit seinem stillen spiegelglatten Wasser und dem mal weiteren, mal engeren Dschungelufer wie eine unheimliche stille Lagune. Nur die Schreie der auffliegenden großen Reihervögel hallen über das Wasser. So geht die Fahrt über Stunden.

An Bord gibt man sich ganz der Beobachtung des Dschungels und der bei unserer Annäherung aus dem schwarzen spiegelglatten Fluß auffliegenden großen Vögel hin. Die Reaktion ist unterschiedlich. Während wir Europäer das alles mit naturbewundernder Ruhe in uns aufnehmen, plärrt die mitfahrende amerikanische Lady - sie dürfte ca. 27 - 28 Jahre alt sein - in einer Tour "beautiful" und "very nice".

Ständig macht sie uns und vor allem ihren Mann auf angeblich von ihr gesichtete Tiere am Dschungelrand aufmerksam. Dabei hüpft sie mit ihren grellen Bermudas laufend von einem Bootsrand zu anderen. Unabhängig davon, daß das Dschungelufer durch vorgelagerte Mangroven und Schlingpflanzen gar nicht zu sehen ist, hätte sie mit ihrem Gehüpfe und ihrem permanenten "very nice"- und "beautiful"-Gekreische sowieso alle Tiere verscheucht.

Er, etwas älter, ist nicht ganz so hysterisch, obwohl er auch - wenn auch langsamer - nach ihrer Anweisung links und rechts zum Bootsrand hüpft und dabei unentwegt "Yes, it is" brummt.

Seine Langsamkeit hat den Vorteil, daß er sich manchen Weg zu anderen Bootsseite erspart, dieweil sein kreischendes Känguru schon wieder auf der entgegengesetzten Seite eine äußerst wichtige Entdeckung gemacht hat.

Er, schon leicht ergraut, hat in seiner Umhängetasche eine ganze Batterie 0,2-Literfläschchen mit Rum, Whisky und Gin mitgebracht. Nach jedem "Yes, it is", nimmt er davon einen Schluck. Auch uns und der Besatzung bietet er davon an. Ich lehne ab. Alkohol in den Tropen - zumal jetzt am Tag in dieser schwülen Hitze - ist ein tödlicher Hammer.

Nur sein weibliches Känguruh läßt sich ab und zu etwas in ihren Fruchtsaftbecher schütten und kann dann um so besser hüpfen. Auch der Capitán, ein etwa 30jähriger schwarzbrauner Brasilianer, stößt mit ihr an, pur. Gott sei Dank nicht der Steuermann und der andere Brasilianer der Besatzung.

Unvermittelt hinter einer Biegung verwandelt sich der schwarze, spiegelglatte Fluß zu einem ebenso schwarzen, spiegelglatten See, in dem eine Indio-Siedlung liegt. An einem Bootssteg, der aus mit Lianen zusammengebundenen Baumstämmen besteht, legen wir an. Die Siedlung selbst besteht aus zwei Unterstellhütten am Fluß und einem auf Stelzen stehenden mindestens 100 Meter langen aus Palmholz gefertigten und Palmblättern gedeckten Langhaus. In ihm wohnt der ganze über hundertköpfige Stamm.

Im Nu sind wir von großen und kleinen nackten Indios umgeben. Das ganze Dorf ist auf den Beinen und bestaunt uns. Mir will der Häuptling eine große, fast 3 Meter lange Boa, die er aus einer großen Kiste geholt hat, zum Anfassen hinhalten, damit ich mich erschrecken soll. Ich habe jedoch genau beobachtet, wie er sie - eine Hand knapp hinter ihrem Kopf, die andere am letzten Schwanzdrittel - hält.

Statt zurückzuschrecken, packe ich die Schlange energisch mit meinen beiden Händen an diesen Stellen. Perplex läßt der Häuptling die Schlange los und ich habe die Boa, die sich wild windet, allein in meinen Händen. Der ganze Stamm klatscht und hüpft. Meine Boa reißt das Maul weit auf und zeigt ihre brillanten Zähne. "Jetzt nur nicht loslassen", denke ich. Dabei muß ich, mehr aus eigener Angst, der armen Boa mit meinem Griff hintere ihrem Kopf die Luft etwas zu fest abgedreht haben, denn sie reißt das Maul nun fast waagrecht auf.
"Ein bißchen nachlassen", sage ich zu mir, "doch nicht zuviel, damit sie nicht herausrutscht."

Nach außen spiele ich den coolen Könner und zeige sie im Halbkreis meinem hüpfenden und klatschenden Publikum. Das hüpfende Känguruh ist auch da. Kreischt ständig "very nice" und hüpft mit ihrem Fotoapparat um mich herum. Ihr Mann, der Amerikaner, hat ein Rumfläschchen in der Hand und möchte ständig mit der Boa anstoßen. Die windet und krümmt sich und will sich befreien. Doch mein Griff sitzt gut, was mich momentan beruhigt. Allmählich jedoch wird es mir mit meiner Boa ungemütlich und der Schweiß, der mir von Stirn und Körper tropft, kommt nicht mehr ausschließlich von der Hitze. "Wo soll ich mit der Boa hin?" Kein Mensch, auch nicht die Indios machen Anstalten, sie mir wieder abzunehmen ... und einfach loslassen kann ich sie auch nicht. Da sehe ich die offenen Kiste. Mit einem stoßartigen Ruck lasse ich sie los und schleudere sie in Richtung Kiste, in der Hoffnung, daß ich auch genau hineintreffen werde.

Es tut einen dumpfen Rums und, tatsächlich, die Boa liegt drin. Sie windet sich nur matt. Wahrscheinlich habe ich sie mit meinem Angstgriff halb erdrosselt.

Der ganze Stamm hielt meinen Schleuderwurf für einen Abschlußgag und hüpft schreiend weiter. Auch das Känguruh kommt auf mich zugehüpft und gibt mir einen Kuß. Dabei haucht sie schmachtend ein "very nice".

Ihr Mann, der Ami, kommt mit 2 Fläschchen auf mich zu, drückt mir eines davon in die Hand, stößt mit mir an und sagt "Prost Deutschland".

Daran merke ich, daß er schon besoffen ist. Diesmal habe ich den Schnaps genommen. Pfeife auf Tropen und Hitze. Jetzt kann ich ihn wahrhaftig brauchen.

Von Ferne hört man ein Tuckern. Es dauert auch nicht lange, da biegt ein motorgetriebendes Langboot um die Dschungelecke. Zwei weiße und zwei schwarze Brasilianer sitzen darin. Sie kommen vom oberen Amazonas und sind seit 8 Tagen unterwegs. Sie wollen nach Manaus. Nur weil sie unser Boot gesehen haben, haben sie hier angehalten. Jeder kriegt von uns ein Bier, das wir in einer Styroporkiste mit Eis an Bord haben. Der Ami schläft. Das Känguruh lallt. Als es hört, daß die Brasilianer nach Manaus fahren, findet sie das "very nice" und will unbedingt wieder mit zurück. Die Brasilianer sind einverstanden. Platz haben sie.

Der Ami wird geweckt und aufs Boot geschafft. Den letzten Hupferer, den die Lady macht, ist der auch aufs Langboot. Dann werfen die Brasilianer den Außenborder an und verschwinden tuckernd flußabwärts. Als Letztes sieht man noch die Lady winken. Ihr wahrscheinliches "very nice" und "beautiful" kann man durch den Motorlärm nicht mehr hören.

7. Zwischen Piranhas und Alligatoren

In den Seitenarmen der Dschungelflüsse – Piranhas, die Raubfische des Amazonas – Moskitos, Moskitos – Nachts, auf Alligatorenfang mit bloßen Händen – Herbert und Elisabeth Thatcher – Marsch durch den Dschungel – Die Maniokbrennerei – Feuerameisen und Infektionen – Die Grausamkeiten des Dschungels – Die Barriere der schwimmenden Schilfinsel.

Auch wir - neben der Besatzung sind wir nur noch fünf - verlassen die Siedlung und fahren in der entgegengesetzten Richtung weiter. Eine halbe Stunde später biegen wir in einen Seitenarm des Dschungelflusses ein. Die Landschaft um uns hat sich verändert. Der Dschungel ist zurückgetreten. Die Ufer sind baumlos und grasbewachsen. Die eine Seite hat eine ansteigende hohe Böschung, während sich das andere Ufer im Schilf verliert.

Vereinzelt sieht man oben zurückgesetzt Stelzenhütten unter Baumgruppen stehen. An so einer Hütte legen wir an. Sie ist größer als die anderen. Sie steht zwischen einem Kalabassenbaum und einer Gruppe von Kautschukbäumen. Mehrere kleine Stelzenhütten stehen etwas abseits davon. Dazwischen ist ein Pferch mit Büffeln und Rindern. Alle Hütten sind von Indios bewohnt. Hier in der großen Hütte werden wir übernachten.

Auf dem Boot hat einer der Besatzung als Koch fungiert, es gibt gebratenen Fisch mit Reis, Bohnen und Salat. Dazu Ananas und Bananen. Alle haben wir Hunger und wir lassen es uns schmecken.

Jetzt ist auch wieder der Capitán gegenwärtig. Nach den Schnäpsen mit dem Amerikaner war er geistig weggetreten und hatte ein Schläfchen gemacht. Noch ist sein Gesicht reichlich zerknittert. Jeder von uns bekommt einen Stecken mit einer Angelschnur in die Hand gedrückt.
“Hier wimmelt alles von Piranhas”, erklärt uns der Steuermann. “Jetzt werden wir welche angeln.”
Piranhas sind die Raubfische des Amazonas. Man sagt ihnen nach, sie würden binnen kürzester Zeit ein ins Wasser geworfenes Lebewesen skelettieren.

Der Capitán bringt eine Dose roher Fleischstückchen. Die spießen wir an unsere primitiven Angeln. Der Capitano gibt Anweisungen. Dann klatscht er mit seinem eigenen Angelstecken auf die schwarz-trübe Wasseroberfläche und wir werfen unsere Angeln mit den Fleischstückchen am Haken aus. Es dauert auch nicht lange, da reißt der Franzose die Angel hoch und ein kleiner miniaturkarpfenähnlicher Fisch zappelt an seinem Haken.

Es ist ein Piranha. Ein ca. 15 - 20 Zentimeter langer, flacher, weißgeschuppter Fisch mit einem orange bis rötlichen Bauchunterstreifen. Sein Gebiß hat nach innen gestellte Zähne, die wie Nadeln aussehen. Das ist seine Waffe, die ihn so gefährlich macht. Mit ihr reißt er Stücke aus seiner Beute. Wie aggressiv und angriffslustig diese kleinen Amazonasbestien sind, zeigt sich an Ort und Stelle. Wie die Wilden gehen sie auf die Fleischstückchen an unseren Angeln los. Das Wasser darum herum brodelt förmlich.

Innerhalb kürzester Zeit haben wir 20 bis 25 Stück aus dem Wasser gezogen, obwohl in den meisten Fällen das Fleisch von ihnen von der Angel gerissen wurde, ohne daß sie an den Haken gingen.

Keiner von ihnen ist gleich. Die meisten haben den rötlichen Unterstreifen. Aber auch ganz weiße sind dabei. Einen dreißig Zentimeter langen und entsprechend dickeren haben wir auch dabei. Den kassiert gleich ein Indio zum Abendessen. Piranhas sollen ganz vorzüglich schmecken.

Jenseits des schilfrigen Ufers geht die Sonne hinter dem Dschungel unter. Die hier in den Tropen kurze Dämmerung beginnt. Es ist die Zeit der Moskitos. Die Franzosen haben zwei Flaschen Spray dabei. Davon machen sie reichlich Gebrauch und sprühen sich von Kopf bis Fuß reichlich damit ein. Auch ich werde besprüht.

Es ist jetzt, eine Viertelstunde nach Sonnenuntergang, stockdunkel. Vom Schiff aus klettern wir in zwei Eingeborenenboote. Das eine steht unter Führung des Capitán. Das andere unter der des Steuermannes. In unserem Boot sitzt noch der Brasilero, der auf unserem Schiff kocht. Wir paddeln los. Die beiden Bootsführer sind mit Taschenlampen bewaffnet und stehen jeweils am Bug der Boote.

Mit ihren Taschenlampen leuchten beide das versumpfte Schilfufer ab. Überall im Schilf leuchten rubinrote Doppelsterne auf. Es sind die Augen der Alligatoren, die im Taschemlampenlicht reflektiert werden.

Langsam schiebt sich unser Boot an den Schilfgürtel heran. Fährt dann knapp an seinem Rand entlang. Der Brasilianer, der Koch, steigt aus. Mit der Taschenlampe in der linken Hand, watet er im knietiefen Sumpf des Schilfgürtels, um mit bloßen Händen auf Alligatorenjagd zu gehen.

Tatsächlich, es dauert nicht lange, da hat er auch schon einen. Einen Teenie. Der ist immerhin gut 120 Zentimeter lang. Den hält er jetzt, Griff knapp hinter dem Kopf, hoch und zeigt ihn uns. Der Jungalligator ist direkt ein hübsches Tier mit seiner frischen, moos- und hellgrünen Oberseitenfarbe, seiner weißen Unterseite und seinen im Schutze von Knorpelwülsten liegenden aufgestellten Augen, die so neugierig gucken können.

Nachdem wir den Teenie eingehend besichtigt haben, wird er wieder in sein Element zurückgeworfen. Auch wir brechen die Jagd ab und paddeln auf dem stockdunklen Flußarm zurück zu den Lichtern unseres Schiffes.

Um vom Schiff aus ans Ufer zu gelangen, müssen wir uns über einen primitiven Baumstamm hangeln, der auch noch durch das Körpergewicht halb untergeht, wenn man ihn betritt. Jeder holt sich daher nasse Füße. Kein Problem, da man hier im Amazonasdschungel durch das ständige Schwitzen sowieso patschnaß ist, und außerdem das Wasser des Sumpfflusses eine Mindesttemperatur von 28 Grad hat.

Als letzter hangelt sich der Franzose über den schwimmenden, halb unter Wasser liegenden Baumstammsteg. Er rutscht ab. Es tut einen Platscher und er steht bis zu den Hüften im modrigen Ufersumpf. Da es ansonsten stockdunkel ist und wir ihn nur hören, aber nicht sehen können, ruft er uns zur Beruhigung ein lautes: "Alles o.k." zu und latscht durch den Sumpf ans Ufer.

In der großen Hütte werden durch den Capitán die Hängematten ausgegeben und in die dafür vorgesehenen Haken an der Wand eingehängt. Man zieht seine nassen Schuhe und Strümpfe aus und legt sich, so wie man ist, in die Hängematte.

Kaum daß wir in den Hängematten lagen, sind wir eingeschlafen. Wir, das sind der junge Franzose aus Paris und seine Frau. Das ist Herbert, der französisch-sprechende Schweizer aus Genf und seine deutsche Frau Elisabeth. Beide sind so Ende vierzig, leben in London. Er ist Wissenschaftler und beide haben sie seit jüngstem die britische Staatsangehörigkeit. Vor allem Elisabeth, die ihre deutsche Aktivität nicht verhehlen kann, ist der Motor der Gruppe.

Wenn ihr etwas nicht paßt, ist sie knallhart. Das hat vor allem der Capitán schon zu spüren bekommen. Unter uns Weißen heißt sie deshalb Elisabeth Thatcher. Ursprünglich Schlesierin, kam sie nach dem Krieg nach Genf und hat dort geheiratet. Jetzt lebt sie mit ihrem Mann in London. Sie spricht ebenso perfekt französisch und englisch. Vor allem ist Elisabeth Thatcher sehr couragiert. Wissen und sehen will sie alles. Scheut aber dabei auch keine Strapazen und ist auch gegen sich selbst nicht zimperlich.

Um 7 Uhr früh sind wir schon aus den Hängematten. Waschen entfällt mangels Gelegenheiten. Es müßte unten am 28 bis 30 Grad warmen piranhaverseuchten Sumpfarm stattfinden. Darauf verzichtet jeder großzügig.

Um halb acht Uhr sind wir so weit. Bereit zu einem sechsstündigen Marsch durch den Amazonasdschungel. Der Indio, der uns führt, gibt uns über den uns begleitenden Brasilero noch Anweisungen, dann marschieren wir im Gänsemarsch los. Obwohl es noch früh ist, brennt die Sonne bereits heiß vom Himmel auf den dampfenden Dschungel. Vorneweg unser Indio mit seiner scharfgeschliffenen Machete.

Zuerst marschieren wir ein Stück durch eine Art Savanne mit einzelnen Kalebassen- und Kautschukbäumen. Dann nach etwa einem Kilometer nimmt uns der Dschungel auf.

Wir gehen jetzt auf einem schon wieder halb zugewucherten Pfad, der zum nächsten Indiodorf hier im Amazonasdschungel führt. Das liegt ungefähr 1 1/2 Tagesmärsche entfernt.

In einer Art Dämmerlicht laufen wir eng aufgeschlossen über Äste, halbvermoderte Baumstämme und unter herabhängenden Lianen durch, auf dem schmalen Trampelpfad. Vorne der Indio als Führer hat mit seiner Machete dabei einige Arbeit zu leisten. Während uns oben in den Bäumen beobachtende Affen begleiten, müssen wir unten bei jedem Tritt darauf achten, daß wir nicht unversehens auf eine der zahlreichen Straßen der großen Feuerameisen treten oder über ein Termitennest stolpern. Links und rechts unseres schmalen Trampelpfades ist eine undurchdringliche Lianen-, Bambus- und grüne Dickichtwand. Da durchzukommen, ist eine Schlagarbeit mit der Machete von gut einer Viertelstunde pro Meter.

Nach ungefähr einer Stunde überqueren wir einen Dschungelbach. Dahinter auf einer kleinen Anhöhe wird es lichter, und wir treffen auf zwei bewohnte Stelzenhütten, um die einige Hühner gackern. Auf halbem Weg dorthin ist eine offene große palmblattgedeckte Hütte. In ihr ist ein mächtiger, aus Lehm gemauerter Ofen von ungefähr zwei Metern Durchmesser. Auf ihm befindet sich eine ebenso große eiserne Rundpfanne.

Der Ofen brennt, und leichter Rauch steigt am Rand der Pfanne auf. Mit einem paddelartigen großen Holzlöffel rührt ein Indio eine gelblich trokkene Masse in der Pfanne um. Unser Führer, der den Indio kennt, begrüßt ihn. Der Indio mit dem großen Holzpaddel röstet Maniok.

Maniok sind die bis oberarmdicken Wurzelknollen des Maniokbaumes. Die werden von den Indios ausgegraben. Sie sind weich wie Kartoffelknollen. Sie werden geschält und zerrieben. Dann wird der Saft ausgedrückt. Doch die Masse enthält noch ein gefährliches, arsenhaltiges, ätherisches Gift, das für den Menschen bei Genuß des Maniokmehls tödlich wäre. Deshalb wird die gepreßte und zerriebene Maniokmasse in solchen Pfannen geröstet bzw. unter ständigem Umrühren mit dem großen Holzlöffel stark erhitzt, so daß sich das ätherische Gift daraus verflüchtigt und damit das Maniokmehl für den menschlichen Genuß ungefährlich wird.

Wir marschieren weiter, nur vom Gekreische von Papageien begleitet. Die Vielzahl der im Amazonasdschungel wachsenden Bäume mit genießbaren Tropenfrüchten ist einfach unvorstellbar. Unser Indio mit der Machete bemüht sich, uns, soweit es geht, alles zu zeigen und es uns mit Hilfe seiner Machete plastisch zu demonstrieren. Er schlägt Papayas, Avocados und eine Unzahl anderer Tropenfrüchte von den Ästen und zeigt uns die entsprechenden Bäume. Darunter sind auch Kakaobäume mit ihren dicken dunklen Kakaokernen.

All das wächst im Dschungel des Amazonas. Ob pfefferartige, winzige Paprikaschoten oder Bananen und Ananas. Es kann eigentlich keiner verhungern. Die Natur mit ihrem vielfältigen Früchteangebot hier im Dschungel läßt es gar nicht zu. Ja, er kann auch nicht verdursten, denn dafür gibt es die Wasserlianen. Die sehen aus wie verdorrte dünne, graue, fingerbis armdicke Bäumchen oder Lianen, die an den Urwaldriesen wie dicke Stricke hinaufwachsen. Schlägt man aus einem solchen Strick ein Zweibis Dreimeterstück mit der Machete heraus, dann hat mein ein Stück ge-

Hier wird eine Maniok-Wurzel ausgegraben.

Eine Maniok-Rösterei mitten im Dschungel ...

... hier werden die hochgiftigen, arsenhaltigen Wurzelknollen fein geschabt und in fast 2 m breiten Röstpfannen so lange geröstet, bis die giftigen ätherischen Öle durch die Hitze verdunstet sind. Das verbleibende Maniokmehl ist eine der wichtigsten Grundnahrungsmittel der Brasilianer. Es gibt dieses Mehl zu jedem Essen.

Marsch auf einem Dschungelpfad ...

... zur primitiven Hütte eines Kautschuk-Sammlers ...

füllter Wasserleitung abgeschlagen. man braucht nur das untere Stück senkrecht an den Mund zu halten und in dicken Tropfen läuft bestes, schmackhaftes, kühles Wasser in den Mund.

Man wird nicht verdursten. Man wird nicht verhungern. Doch man wird bei vollem Bewußtsein viel grausamer sterben. Man findet nicht mehr heraus. Es sei denn, ein eingeborener Indio findet einen. Zerstochen von Moskitos. Angefressen von Feuerameisen. Mit mörderischen schmerzhaften eitrigen Entzündungen und Infektionen wird man in den Wahnsinn getrieben, grausam verenden.

Nach sechs Stunden und Durchquerung einer Dschungelschlucht, immer wieder umflattert von doppelt handtellergroßen Schmetterlingen in den schönsten Farben, kommen wir wieder auf die Savanne und dann nach weiteren 2 Kilometern zu unserer Hütte.

Ich darf nicht daran denken, was aus uns geworden wäre, wenn unserem Indio etwas passiert wäre.

Zum Schluß demonstriert er uns noch, wie einfach und schnell eine Tragbahre gezimmert und mit gedrehtem Bast zusammengebunden wird. Dazu bedarf es nur ein paar mit der Machete abgeschlagener Äste und Baststreifen. Die Baststreifen werden von bestimmten Bäumen der Länge nach mit der Machete zentimeterbreit abgeschält und dann mit der Hand gedreht. So gedreht bilden sie Stricke und Seile, die kein Mensch mehr zerreißen kann. Sie dienen dazu, das Ganze zu einer Tragbahre für den Transport von Verwundeten zusammenzubinden.

Gott sei Dank haben wir das nicht gebraucht.

Es ist nachmittags vier Uhr, als wir erschöpft, aber um interessante Erfahrungen reicher, wieder unser Boot besteigen. Sogar die Spuren von Faultieren haben wir gesehen. Die klettern so langsam an blattartigen Lianenstreifen hinauf, daß sie deren Saftstruktur dabei verändern und wellenförmige Blattstreifen hinterlassen.

Der Rio Negro an seiner Einmündung in den Amazonas. Kilometerlang fließen scharf getrennt nebeneinander her die schwarzen Wasser des Rio Negro und die braunen des Amazonas, bis sie sich vermischen.

Der Motor wird angeworfen und wir treten die Reise über die Flußarme des Amazonas zurück in Richtung Manaus an.

Fast wären wir an diesem Tag nicht angekommen. Denn in der Zwischenzeit hat sich in einem Seitenarm des Amazonas, durch den wir durch mußten, eine Barriere in Form einer mächtigen schwimmenden Schilfinsel gebildet. Nur mit äußerster Kraft und der Arbeit von über einer Stunde ist es uns mit der Motorleistung des Schiffes endlich gelungen, die Insel drehend in Bewegung zu setzen und durchzukommen.

... und vorbei an einer höher gelegenen Stelle im Dschungel, an der Kalebassen-Bäume mit ihren riesigen Früchten stehen.

Dramatische Abholzu

Auf der Erde bleibt die Vernichtung der Regenwälder nahezu unerkannt. Aus dem All jedoch ist die Abholzung unübersehbar. Diese Landsat-Satellitenaufnahmen, herausgegeben vom brasilianischen Institut für Raumforschung, zeigen die dramatischen Verände

Regenwald wird sichtbar

rungen im Amazonas-Regenwald in den brasilianischen Provinzen Tocantins, Maranho und Para. Deutlich zurückgegangen ist dort die grüne Fläche in nur drei Jahren.
Foto: AP/Landsat

Amazonas-Flußlandschaft

Der Amazonas

der Riesenstrom in Südamerika, der die Urgeschichte der Entstehung unserer Erde erzählt

Viel wurde bereits über das Amazonasgebiet und den Amazonas, den gewaltigen Urstrom Südamerikas, in diesem Buch berichtet.
So über seine Länge, die von den Hochanden Perus und Ecuadors bis zu seiner Mündung bei Belém in den Atlantik über 6.500 Kilometer beträgt.
Über seinen Wasserreichtum. Seine Artenvielfalt an Fischen und auch über die schier unerschöpfliche Vielfalt an Tieren und Pflanzen, die das Amazonasgebiet in sich birgt.
Auch darüber, dass dieses größte zusammenhängende Dschungelgebiet mit seinem gewaltigen Entwässerungssystem auch gleichsam die Lunge unserer Erde und der Garant unseres Klimas ist.
Doch im Amazonas und im Amazonasgebiet sind noch ganz andere Geheimnisse versteckt und konserviert, die über 120 Millionen Jahre in die Entstehung unseres Globus zurückreichen.
Sie liegen im Oberlauf des Amazonas. Im Gebiet um Iquitos in Peru. Dort, Tausende von Kilometern von seiner Mündung entfernt, gibt es Delphine, Haie, Sägefische, Rochen, Sardinen und Garnelen im Amazonas. Seefische im Binnenland, weitab von jedem Meer.
Ursprünglich glaubte man, dass diese sich von seiner Mündung, vom Atlantik bis hierauf verirrt haben. Doch diese These konnte nicht bestehen, da diese Ozeanbewohner flussabwärts zur Mündung hin nicht mehr vorhanden sind.
Erst als man sich in der Forschung eingehend mit diesem Phänomen befasste, kam man dahinter.
Der Meeresbiologe Daniel Brooks, ein Kanadier, entdeckte wurmartige Fischparasiten an diesen Flussbewohnern, die es sonst nur in den Gewässern des Pazifiks, aber nicht in denen des Atlantiks gibt. Also müssen die noch heute im Oberlauf des Amazonas lebenden Meeresbewohner, wie Haie, Rochen und Delphine, vom Pazifik aus hierher gekommen sein.
Schließlich kam man in der weiteren Forschung auf eine sensationelle Lösung.
Vor über 120 Millionen Jahren floss der Amazonas in umgekehrter Richtung in den Pazifik. Damals war die südamerikanische Kontinentalplatte auf der Erdkruste noch mit der afrikanischen verbunden. Der Amazonas war dabei deckungsgleich an den Niger in Afrika angeschlossen. Der Uramazonas war damals gleichsam die gewaltige Verlängerung des Niger und floss in umgekehrter Richtung von Ost nach West in den Pazifik.
Diese beiden Kontinentalplatten brachen in der weiteren erdgeschichtlichen Entwicklung auseinander. Die südamerikanische trifftete nach Westen in seine heutige Position. Gleichzeitig stieß sie dabei auf die pazifische Bodenplatte der Erdkruste. Urengerien mit gewaltigen Gesteinsschmelzvorgängen wurden freigesetzt, wobei in diesem urgewaltigen Pressungsdruck an der südamerikanischen Westküste die Anden entstanden und hochgewuchtet wurden. Der Abfluss des Amazonas zum Pazifik war damit versperrt und er floss in umgekehrter Richtung nach Osten in den Atlantik.

Amazonaszufluß Rio Napo

Amazonaszufluß Rio Marañó

Das Amazonas-Gebiet von Igitos in Peru ...

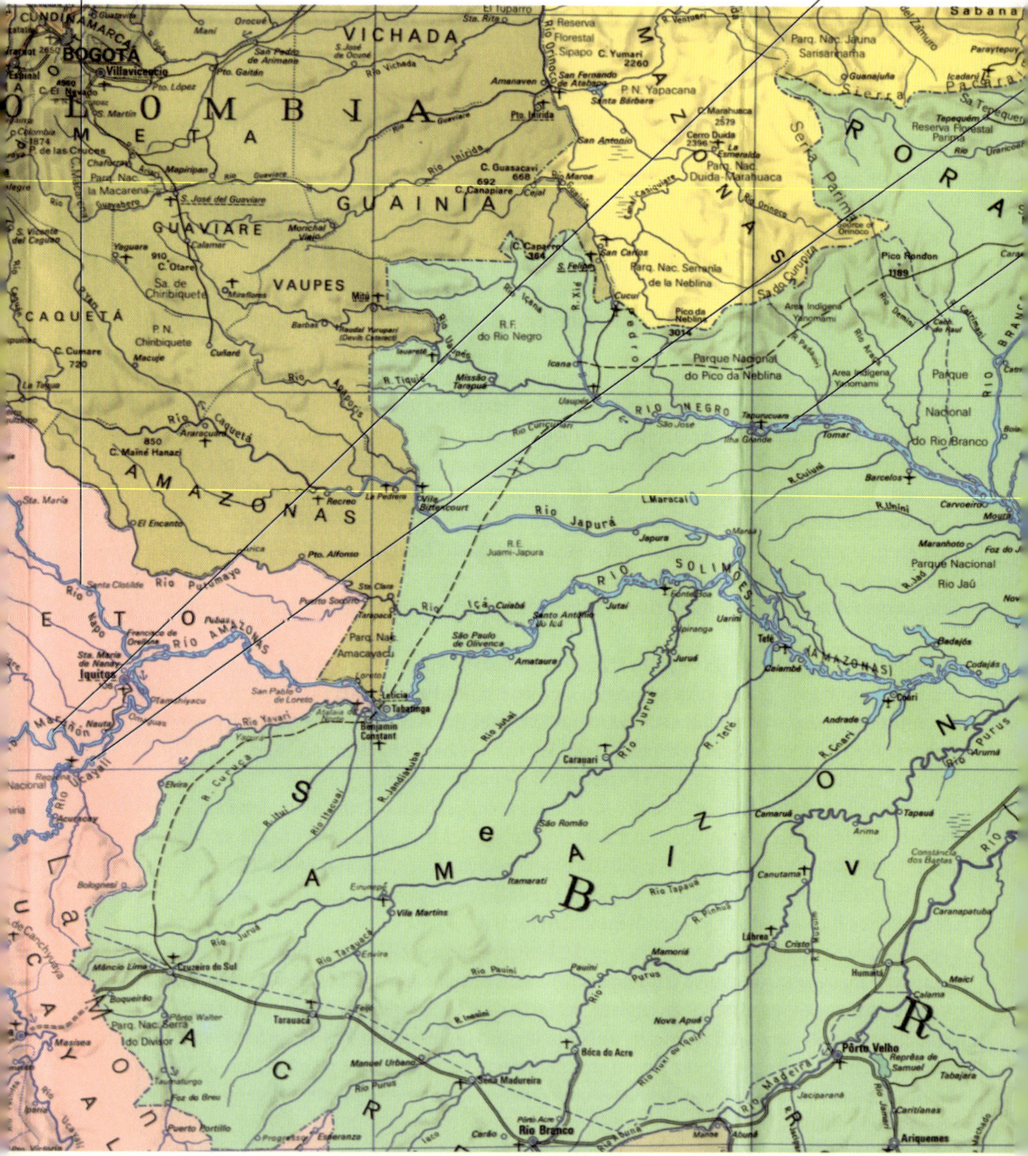

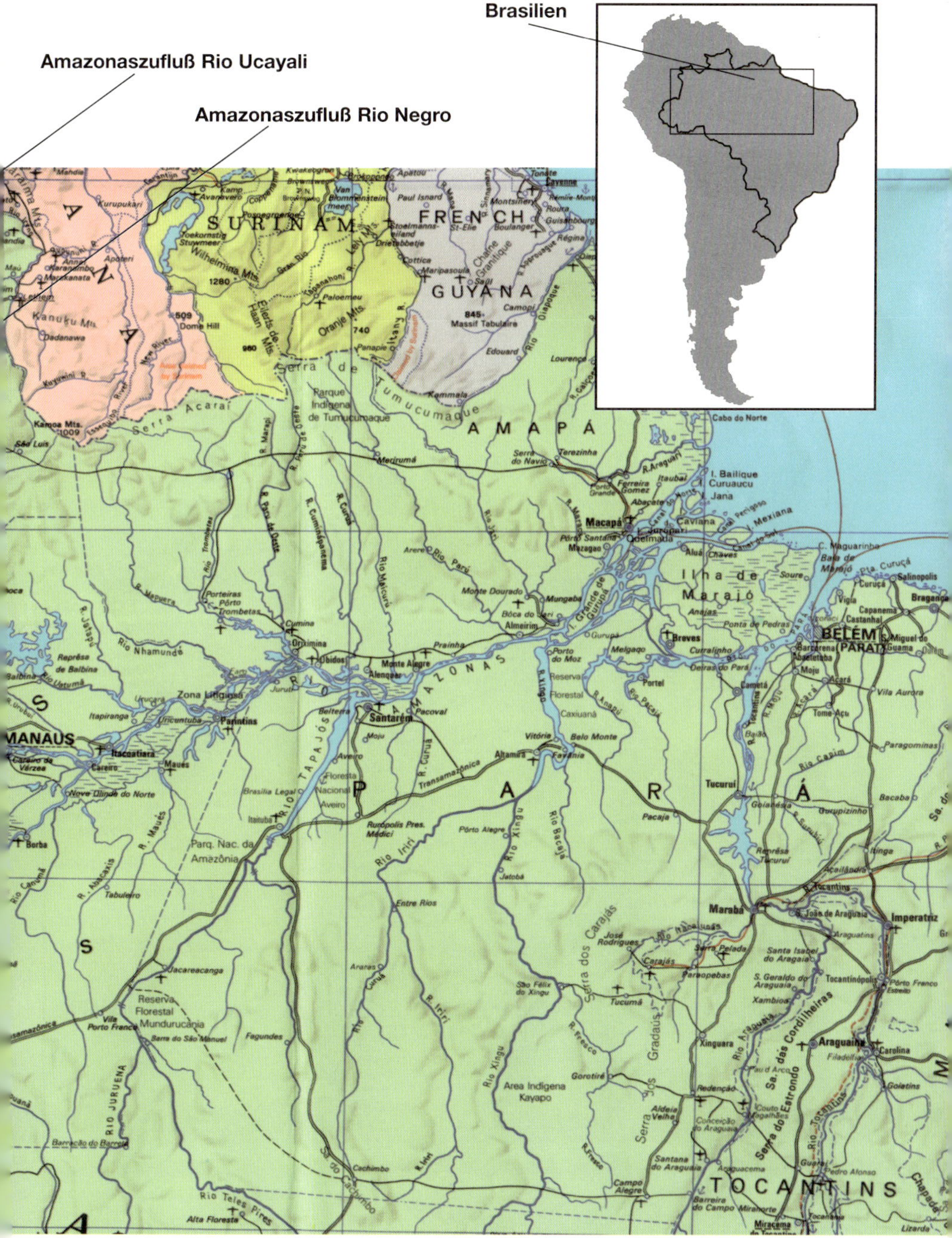

... bis zur Mündung bei Belem, Brasilien (6.000 km)

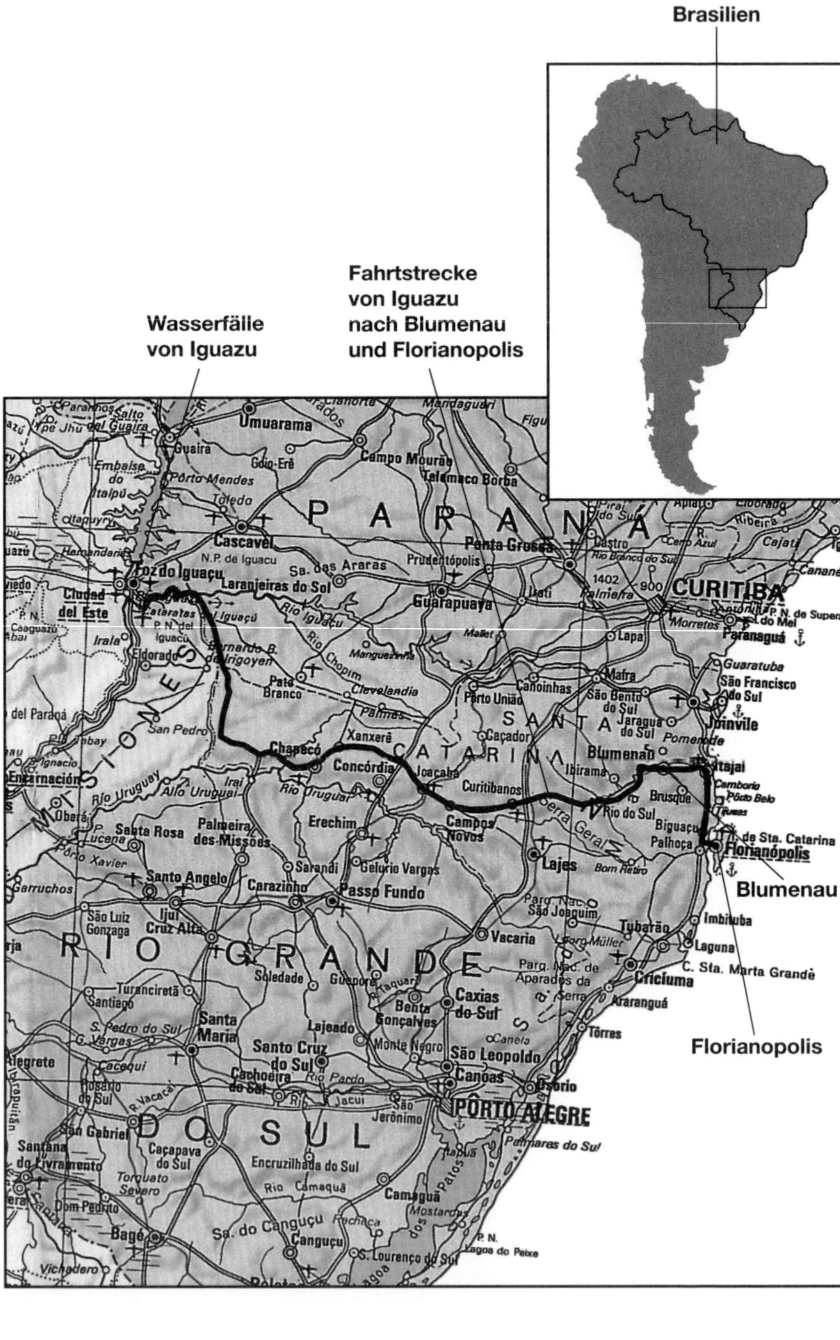
Brasilien
Fahrtstrecke
von Iguazu
nach Blumenau
und Florianopolis
Wasserfälle
von Iguazu
Blumenau
Florianopolis
PARANÁ
SANTA CATARINA
RIO GRANDE DO SUL
CURITIBA
Foz do Iguaçu
Ciudad del Este
Cascavel
Guarapuava
Chapecó
Concórdia
Joaçaba
Curitibanos
Campos Novos
Blumenau
Brusque
Itajaí
Florianópolis
Joinvile
Lajes
Passo Fundo
Caxias do Sul
PÔRTO ALEGRE

8. Foz do Iguazu, die größten Wasserfälle der Erde

Abschied von Manaus – 5.000-Kilometer-Flug nach Süden – Die Wasserfälle von Iguazu – 14 Stunden Schlaf – Rundreise mit dem Bus für einen Cruzado – Zwei Deutsche aus Hamburg – In Argentinien und Paraguay – Hotel "San Martin" – Ich lasse mich verwöhnen – "Fahren Sie zu den Deutschen in Südbrasilien", sagt die Stewardeß – 800 Kilometer mit dem Bus nach Blumenau.

Todmüde bin ich nun, nach über 5.000 Kilometer Flug in verschiedenen Etappen, hier im äußersten Süden von Brasilien, in Iguazu, an der argentinischen Grenze und an der Grenze zu Paraguay, angekommen.

Gestern, nachdem wir kurz vor 10 Uhr nachts mit unserem Motorboot wieder nach Manaus zurückgekommen sind, bin ich noch mit den Franzosen und mit Elisabeth und Herbert in deren Hotel gegangen. Dort habe ich mich erst einmal geduscht und mich umgezogen. Danach habe ich mich von meinen vier Dschungelleidensgenossen verabschiedet und bin sofort zum Flughafen nach Manaus gefahren. Die Abflugzeit für meinen Flug hierher nach Iguazu über Brasilia und Sao Paulo war 1.40 Uhr nachts.

Aber wie immer hier im "pünktlichen Brasilien", startete die Maschine erst um 3.30 Uhr. So hat sich dann alles bei den Anschlußflügen entspre-

Piranhas, Raubfische aus dem Amazonasgebiet, mit messerscharfen Zahnreihen. Sie überfallen ihre Opfer im großen Schwarm und reissen sie förmlich in Stücke.

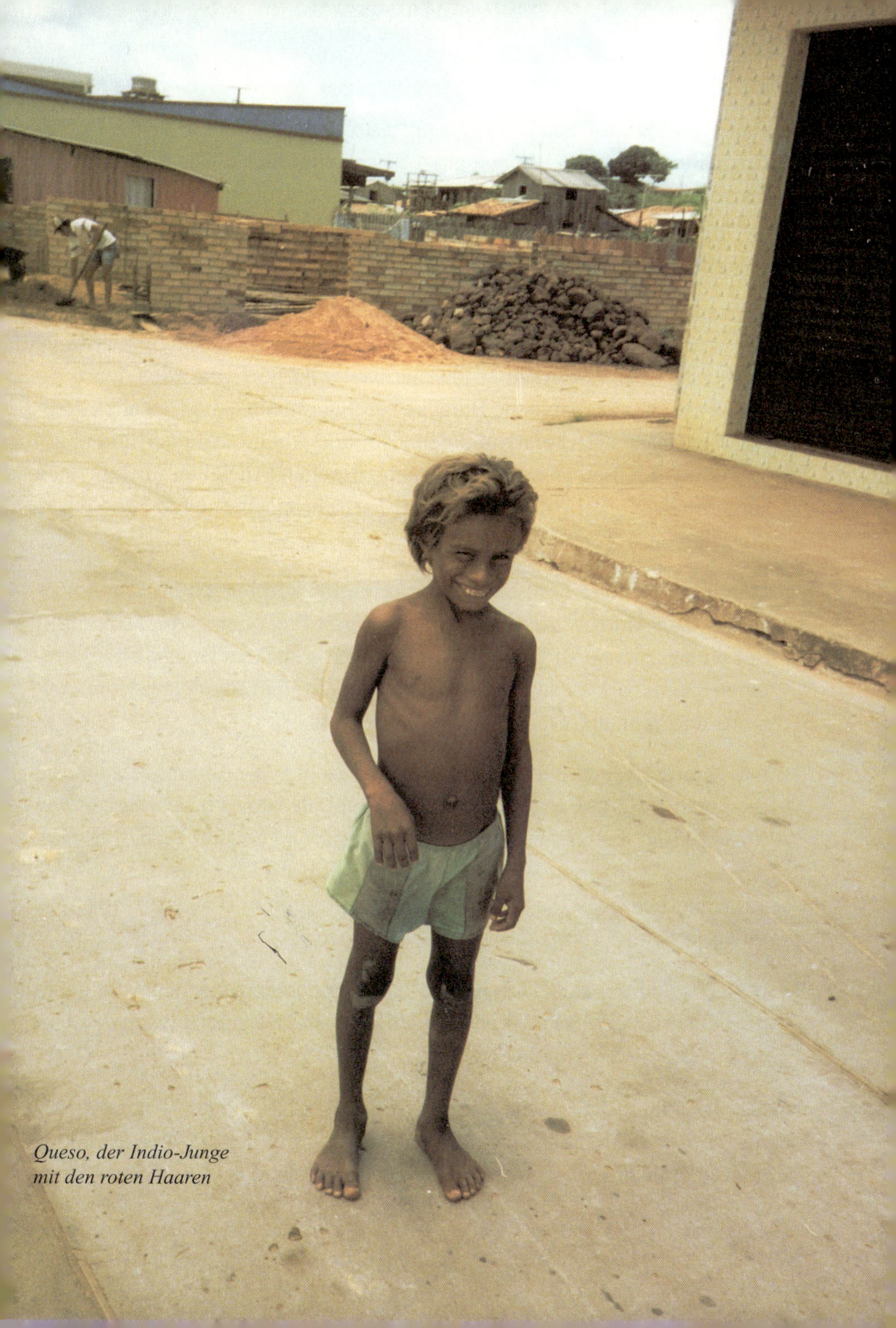

Queso, der Indio-Junge mit den roten Haaren

chend verzögert. Nach zwölf Stunden im Flugzeug und in den verschiedenen Flughäfen, bin ich jetzt um 4 Uhr nachmittags in Foz do Iguazu, an der Grenze von Argentinien und Paraguay, angekommen. Nach der Dschungelstrapaze und dem spärlich zusammengekratzten Schlaf bin ich ziemlich kaputt.

Vor sieben oder acht Jahren war ich schon einmal hier. Ach, wie hat sich alles verändert. Aus der damaligen, beschaulichen Flughafenbaracke ist jetzt ein großer, neu erbauter internationaler Airport geworden. Dort, wo früher die Bäume fast in die Baracke hereingeschaut haben, ist alles gerodet. Ein riesiger Parkplatz und neue Zu- und Abfahrtsstraßen sind angelegt. Weit und breit ist kein Baum mehr zu sehen. Auch hier im äußersten südlichsten Winkel Brasiliens hat der Fortschritt seine sichtbaren Spuren hinterlassen.

Durch Vermittlung der Flughafeninformation komme ich im Viersterne-Hotel “San Martin” zu einem annehmbaren Preis unter. Auch hier hilft mir wieder meine Air Crew Card. Es ist ein großes im Bungalowstil mitten in einem Park an der Straße zu den Wasserfällen angelegtes Hotel, mit Golf- und Tennisplätzen und Swimmingpool.

Die Zimmer haben Klimaanlage, Farbfernseher, komfortable Bäder und getrennte Toiletten. Kaum bin ich im Hotel, da ist meine Müdigkeit wie weggeblasen. Es ist jetzt 5 Uhr nachmittags. Die hier im Verhältnis zum Amazonas gemäßigte Sonne strahlt noch hoch am Firmament. Da könnte ich eigentlich noch die zwanzig Kilometer mit dem Bus zu den Wasserfällen fahren.

Gedacht und gemacht. Ich nehme eine Dusche und mache mich, nachdem ich mich erkundigt habe, auf den Weg zur Bushaltestelle an der neuen Straße, die am Hotel vorbeiführt.

Das Busfahren ist hier in Brasilien spottbillig. Für einen Cruzado fährt man 20 - 30 Kilometer weit und man kommt mit den unzähligen Buslinien überall hin. Man muß sich nur darum kümmern. Es ist gespartes

Geld. Mit dem Taxi zahlt man leicht das Hundertfache. 1 Cruzado sind momentan 20 Pfennige. Hundert Cruzados 20 DM.

Statt zu den Wasserfällen fahre ich mit zwei Hamburgern in die entgegengesetzte Richtung, in die brasilianische Stadt Foz do Iguazu.

Um 1/2 12 Uhr bin ich aufgewacht. Ich habe fast 14 Stunden geschlafen. Die Strapazen des Dschungels, der Streß des langen Fluges und die Kreislaufbelastung der Klimaveränderung vom schwül-heißen Amazonasnorden zum kühleren und trockeneren Süden sind aus Muskeln und Nerven schon wieder herausgewaschen. Ich fühle mich ausgeschlafen, wohl und voller Spannkraft.

In den Frühstücksraum bin ich als letzter, kurz vor dem Abräumen, noch hineingerutscht. Draußen lacht die Sonne vom blauen Himmel. Ich lasse mir ausgiebig Zeit, das reichhaltige Frühstück vom Selbstbedienungsbuffet zu genießen.

Eigentlich wollte ich mich schon um 8 Uhr mit den zwei Hamburgern treffen. Die wollten beizeiten zu den Wasserfällen, da sie am späten Nachmittag weiterfliegen wollten. Na ja, das habe ich restlos verschlafen.

Frisch gestärkt, unternehmungslustig, ohne Gepäckbelastung, nur mit meiner umgeschnallten Gürteltasche, mache ich mich auf den Weg zur Bushaltestelle an der Straße vor dem Hotel.

Nach knapp 15 Minuten Wartezeit kommt der brasilianische Linienbus mit der Aufschrift "Cataratas". Ich steige ein, zahle meinen Cruzado und ab geht die Post zu den 20 Kilometer entfernten Wasserfällen. Doch nach einigen Kilometern ist Stop. Eine Mautstelle. Einfahrt in den erklärten "Nationalpark". Jeder muß aussteigen und am Pförtnerhäuschen seine drei Cruzados berappen. Es ist eine einträgliche zusätzliche Einnahmequelle des brasilianischen Staates.

18 Kilometer weiter, am Hotel "Cataratas", ist Endstation. Das Hotel, in dem ich schon vor sieben Jahren war, ist in einem gepflegt angelegten, tropischen Park gelegen und ganz im altportugiesischen Stil erbaut.

Wie eine grüne Wand steht der Dschungel am Ufer, nur ab und zu taucht eine primitive Hütte auf, ein Zeichen von Besiedelung.

Wieder zuhause am heimischen Kamin. Alle Strapazen sind vergessen. Es bleiben nur die schönen Seiten des großen Abenteuers in Erinnerung. V.l.n.r. der Autor, Röttenbach, Bayern; Bernd Zimmermann, Runthal, Sachsen-Anhalt; Michael Reuss, Weimar, Thüringen.

Auf der brasilianischen Seite, oben an der Paranáflußschlucht errichtet, ist es akustisch voll vom Donnern der Wasserfälle von Iguazu eingefangen. Die Wasserfälle von Iguazu sind die mit Abstand größten der Welt. Mir ihnen verglichen, ist der Niagarafall ein Zwerg. Der Paraná stürzt auf einer Länge von mehreren Kilometern in über ein Dutzend Einzelfällen, drei zusammenhängenden großen Fällen und 247 kleineren mit seinem rotbraunen Wasser in die Tiefe.

Vom Hotel führt ein Fußweg parallel zur Schlucht des Flusses zum Hauptfall. Gegenüber, auf der argentinischen Seite, sieht man über die ganze Breite des Blickpanoramas Wassermassen in die Schlucht stürzen. Die ganze Breite der Flußschlucht ist mit einer ständigen Sprühnebelwand erfüllt, die bis hier herüber weht und alles klatschnaß einnebelt.

Immer knapp unter der oberen Schluchtkante entlang führt der Weg, der ungefähr drei Kilometer lang ist, bis vor zum Hauptfall. Der Fußweg endet unmittelbar unter ihm auf einer Aussichtsplattform.

Der unmittelbare Eindruck unter den herabstürzenden Wassermassen ist gewaltig. Begleitet von einem infernalischen Donnern stürzen pro Sekunde Tausende von Tonnen Wasser hier 70 bis 80 Meter in die Tiefe. Unten am Aufprallpunkt bildet sich eine gewaltige, über 150 Meter aufsteigende weiße Gischt- und Sprühwolke. Der Anblick des Ganzen, eingebettet in das gewaltige Donnern, ist so faszinierend, daß man sich mit seinem Blick förmlich losreißen muß. Klatschnaß verlasse ich die Plattform.

Ein Aufzug bringt mich senkrecht die Felswand hinauf. Oben auf einer angelegten breiten Straße gehe ich die 3 1/2 Kilometer zurück zum Hotel "Cataratas".

Dort auf der Terrasse des wirklich noblen, im altportugiesischen Stil erbauten und eingerichteten Hotels, trinke ich erst einmal eine Flasche des guten, brasilianischen Antarktica-Bieres. Die große Flasche hier im vornehmen Hotel kostet sieben Cruzados = DM 1,40. Übrigens haben die Deutschen vor über hundert Jahren diese Brauerei in Rio gegründet. Es wurde nach dem deutschen Reinheitsgebot gebraut. Ob das allerdings noch heute der Fall ist, weiß ich nicht. Jedenfalls schmeckt es, eisgekühlt serviert, ganz ausgezeichnet.

Von meiner Ankunft hier bis jetzt hat der ganze Rundgang zu den Fällen keine Stunde gedauert. Es ist noch nicht einmal 12.00 Uhr mittags. Ich beschließe daher, heute noch hinüber zur Porto Stroessner über die Brükke des Paraná nach Paraguay zu fahren. Die Stadt Porto Stroessner liegt auf der anderen Seite des Grenzflusses Paraná und ist nach dem langjährigen Staatspräsidenten General Stroessner, dessen Vorfahren übrigens aus Hof in Bayern stammen, benannt.

Um auf die andere Seite nach Paraguay zu kommen, muß ich erst die 40 Kilometer zur brasilianischen Stadt Foz de Iguazu zurück. Dort umsteigen und mit dem Omnibus weiter über die Brücke des Paraná nach Paraguay.

Um 12.15 Uhr kommt der Bus. Ich zahle meinen Cruzado und fahre die 40 Kilometer zur Endstation Rodoviaria, dem Busbahnhof von Foz do Iguazu.

Vom Haltepunkt dort sind es nur ein paar Meter zum danebenstehenden Bus nach Port Stroessner in Paraguay. Diesmal zahle ich zwei Cruzados und drücke mich in den randvollen Bus. Nach ca. 3 Kilometer kommt die große Grenzbrücke über dem tief unten dahinrauschenden Paraná mit der brasilianischen Zoll- und Grenzstation davor. Wir rauschen ohne Kontrolle durch. Auch auf der anderen Seite der Brücke, in Paraguay, fährt der Bus, ohne an der paraguayischen Grenzstation anzuhalten, mit unvermindertem Tempo weiter.

Gleich hinter der Brücke beginnt die paraguayische Stadt Porto Stroessner. Sie ist ein einziger Basar. Sofort am paraguayischen Ufer hinter der Brükke beginnt er.

Die Straße führt einen ansteigenden Hügel hinauf. Endlos ziehen sich die Ladengeschäfte und Basars hin. Den Geschäften vorgelagert sind an der

Die Wasserfälle von Iguazu - sie sind die größten der Welt - erstrecken sich, mit Unterbrechungen, auf über 20 Kilometer. Hier: Vor den braunen Fällen der "Tres Hermanos" (die drei Brüder)

zweispurigen Straße mit grünem Mittelstreifen unzählige Buden und Verkaufsstände. Eine unüberschaubare Menschenmenge quirlt auf der Straße und schiebt sich zwischen die Verkaufsstände und durch die Läden. Es scheint so, als sei ganz Brasilien hier über die Grenze gekommen, um hier einzukaufen. Dabei kann ich überhaupt nichts Kaufinteressantes finden.

Pflastermüde suche ich mir ein Lokal, um etwas zu essen. Zahlen kann ich mit brasilianischen Cruzados.

Bald sitze ich wieder im Bus und verlasse Paraguay und Porto Stroessner. Bereits um 6.00 Uhr bin ich in meinem wunderschönen Bungalow-Hotel in Brasilien.

Duschen, vor dem Essen einen Caipirinia, dann in den feudalen Speisesaal, wo auf gut 20 Meter Länge ein warmes und kaltes Büfett , mit allen Torten und tropischen Nachspeisen aufgebaut ist, das sich sehen lassen kann.

Doch ich bin heute ganz Snob und überlasse das feudale Büfett dem Volk und bestelle mir à la carte einen Paranháfisch brasilianisch.

Dem Ober gebe ich 10 Cruzados im voraus und lasse mich mit seiner nun doppelten Aufmerksamkeit verwöhnen. Ich stecke mir die letzte aus Deutschland mitgebrachte Brasil an. Hier im Land des Brasil-Tabakes sind sie nicht zu bekommen und wenn, dann nicht zu bezahlen. Sie kosten mindestens das fünf- bis sechsfache wie in Deutschland. Die Paradoxie kann verstehen, wer will.

Ich bestelle mir eine Flasche Vinho branca Forestier, einen der wunderbaren, trockenen brasilianischen Weißweine. Einen wunderschönen Tag lasse ich gebührend ausklingen. Eingebettet in meine Siesta-Gedanken sind alle meine Freunde in Deutschland und aller Welt.

Beizeiten bin ich heute auf. Ich will nach Argentinien, auf die andere Seite der Wasserfälle. Außerdem muß ich mich um meine künftige Wei-

Teil der Wasserfälle, von der argentinischen Seite gesehen

terreise in Brasilien kümmern. Das heißt, erst einmal zum Airport, den Flug nach Rio im Rahmen meines Airpasses buchen.

Ich frühstücke deshalb ganz kurz und starte gleich. Den Bus zum Airport erwische ich sofort vor der Haustüre. Knapp eine Stunde später bin ich am Flughafen.

Da der Schalter der Air-Brasil momentan nicht besetzt ist, studiere ich die Karte vom Südteil Brasiliens, die dort an der Wand hängt. Dort sehe ich die Städte Novo Hamburgo und Blumenau. Es sind Städte des deutschen Siedlungsgebietes hier. Städte, die von deutschen Siedlern im vergangenen Jahrhundert gegründet wurden. Die Stadt Blumenau trägt ihren Namen von ihrem deutschen Gründer Dr. Blumenau.

“Da fliegst du hin”, nehme ich mir vor und ändere in Gedanken meine Absicht, von hier aus nach Rio zu fliegen. Mein Entschluß steht fest: “Erst einmal geht es zu den deutschen Landsleuten und zu ihrem Siedlungsgebiet hier.” Das liegt etwa 700 bis 800 Kilometer südöstlich von hier entfernt.

Dem Angestellten der Trans-Brasil, der in der Zwischenzeit seinen Platz am Counter wieder besetzt hat, mache ich klar, daß ich nach Blumenau fliegen möchte. Er haut auf die Tasten seines Computers, guckt in den Bildschirm, dann sagt er: “No Sir, imposivel.”
“Amanha, morgen?” frage ich.
Wieder Tastengeklapper und Bildschirmstarren.
“No, imposivel.”
“Übermorgen, depois des amanha?”
Wieder Tastengeklapper und starren in den Bildschirm.
“No, imposivel.”
Damit ist mein portugiesischer Sprachschatz erschöpft. Der kann kein Deutsch, Englisch schon gar nicht, nur Portugiesisch. Doch dann ist er mit einem “momento” hinter der Tür des anschließenden Trans-Brasil-Office verschwunden und kommt mit einer jungen Stewardeß im Schlepptau wieder zurück. “Sie ist Deutsche”, bedeutet er mir.

Die junge blonde Stewardeß begrüßt mich auf deutsch, das eine etwas altdeutsche Dialektfärbung hat. Sie ist Brasilien-Deutsche, wie sie mir erklärt, und tut hier bei der Trans-Brasil ihren Dienst.
“Ich möchte nach Blumenau fliegen”, sage ich ihr nach der Begrüßung, “bekomme aber keinen Flug”.
“Oh, sie möchten nach Blumenau. Des ist meine Heimatstadt. Eine sehr schöne Stadt mit viele Deitsche”, erwidert sie erfreut. “Die Flugzeuge sind alle ausgebucht. Es geht aber a Bus. Ich werd arufe.”
Ich bin damit einverstanden, und sie telefoniert in portugiesisch. Dann kommt sie zurück.
“Ist alles klar. Sie könne morgen vom Rodoviara um 18.40 Uhr abfohre. Ich schreib es ihne uff. Sie misse bis 3.00 Uhr dort sein. Kostet 78 Cruzados. Sind 14 Stunden zu fahrn.”
Ich bedanke mich. Da gerade eine Maschine kommt, muß sie aufs Rollfeld.

Die Fahrt mit dem Bus hinüber nach Argentinien, auf der anderen Seite des Rio Iguazu, erfolgt genauso problemlos wie die nach Parguay. Nur ist der Bus nicht so voll, und an der argentinischen Grenzkontrollstelle hinter der Brücke werden die Pässe und Ausweise kontrolliert.

Der Bus aus Brasilien hält am argentinischen Busbahnhof von Puerto de Iguazu. Ich brauche nur in ihn umzusteigen. Drei Haltestellen weiter hält er an der Haltestelle, von der der argentinische Spezialbus zu den Wasserfällen und zu dem argentinischen Hotel “Cataratas” abfährt. Ich zahle 40 Cruzados und schon geht übergangslos die Post ab.

Der Bus ist ein Relikt aus den 50er Jahren. Mit überbequemen, in der Zwischenzeit völlig durchgesessenen Pullman-Liegesesseln und kleinen getönten Fenstern. Er hat mal bessere Zeiten gesehen. Doch jetzt ist er nichts mehr als ein bequemes Wrack, bei dem - von den Stoßdämpfern angefangen - so ungefähr alles hin ist.

So rütteln und knattern wir mit Vollgas durch die Gegend.

Die Landschaft ist hier anders als auf der brasilianischen Seite. Weiter, mit weniger Baumbestand. Auch die Straßen. Irgendwie kommt mir alles gepflegter vor.

Nach einer halben Stunde kommen wir zu einer parkähnlichen Anlage. Wir fahren um ein Rondell herum und halten. Endstation. Um das Rondell gruppieren sich einige im Hazienda-Stil erbaute Gebäude mit einem Restaurant. Etwas weiter zurück liegt das argentinische "Cataratas-Hotel", ein großer, moderner, langgezogener Hotelbau, in dem alle Zimmer mit Blick zu den ewig donnernden Fällen liegen.

Ein gut ausgebauter Plattenweg führt von der Hazienda, an der wir gerade aussteigen, zu den Fällen, deren Donnern schon von weitem zu hören ist.

Im direkten Vergleich zu gestern muß ich feststellen, daß man hier auf der argentinischen Seite die Fälle - die wie bereits erwähnt, aus einer Vielzahl von Einzelfällen bestehen - viel besser, viel hautnaher vor sich hat. Zum Teil steht man hier in halber Höhe oder am unteren Punkt der herabstürzenden und aufschlagenden Wassermassen der verschiedenen Einzelfälle. So bei den "Dos Hermanos", den zwei Brüdern. So genannt, weil sie, nur durch eine große Felsmittelwand getrennt, nebeneinander in die Tiefe stürzen.

Die Wasserfälle von Iguazu von hier aus gesehen oder begangen, sind ein ungleich größeres und beeindruckenderes Erlebnis als das von der brasilianischen Seite.

Seit über sechs Stunden schon sitze ich hier in dem großen, brasilianischen Überlandbus und fahre durch die Nacht. Es ist ein moderner schwedischer VOLVO. Acht Stunden habe ich noch vor mir, bis ich im "deutschen" Blumenau im Staate Santa Catarina, im südlichsten Teil Brasiliens sein werde.

Pünktlich um 18.30 Uhr fuhren wir von Foz do Iguazu ab. Vorher hatte ich noch einige Aufregung. Kurz vor der Abfahrt wollte ich meine in einer Gepäckaufbewahrung in der Nähe des Busbahnhofs deponierte Leinenreisetasche gegen Gepäckschein abholen. Dabei mußte ich feststellen, daß es um den Omnibusbahnhof Dutzende dieser garagenähnlichen Gepäckaufbewahrungen gibt, die alle gleich aussehen. So flitze ich, erfolglos mein Gepäck ausfindig machend, Minuten vor der Abfahrt von einer Garage zur anderen. Ich versuche meinen Weg von der Omnibusstation bis zur Gepäckabgabe zu rekonstruieren. Doch jetzt, inmitten der wimmelnden Menschen um mich herum, erscheint es nahezu aussichtslos. Doch, nachdem ich viermal von vorne angesetzt habe, finde ich - Minuten vor der Abfahrt - endlich noch die richtige Bude.

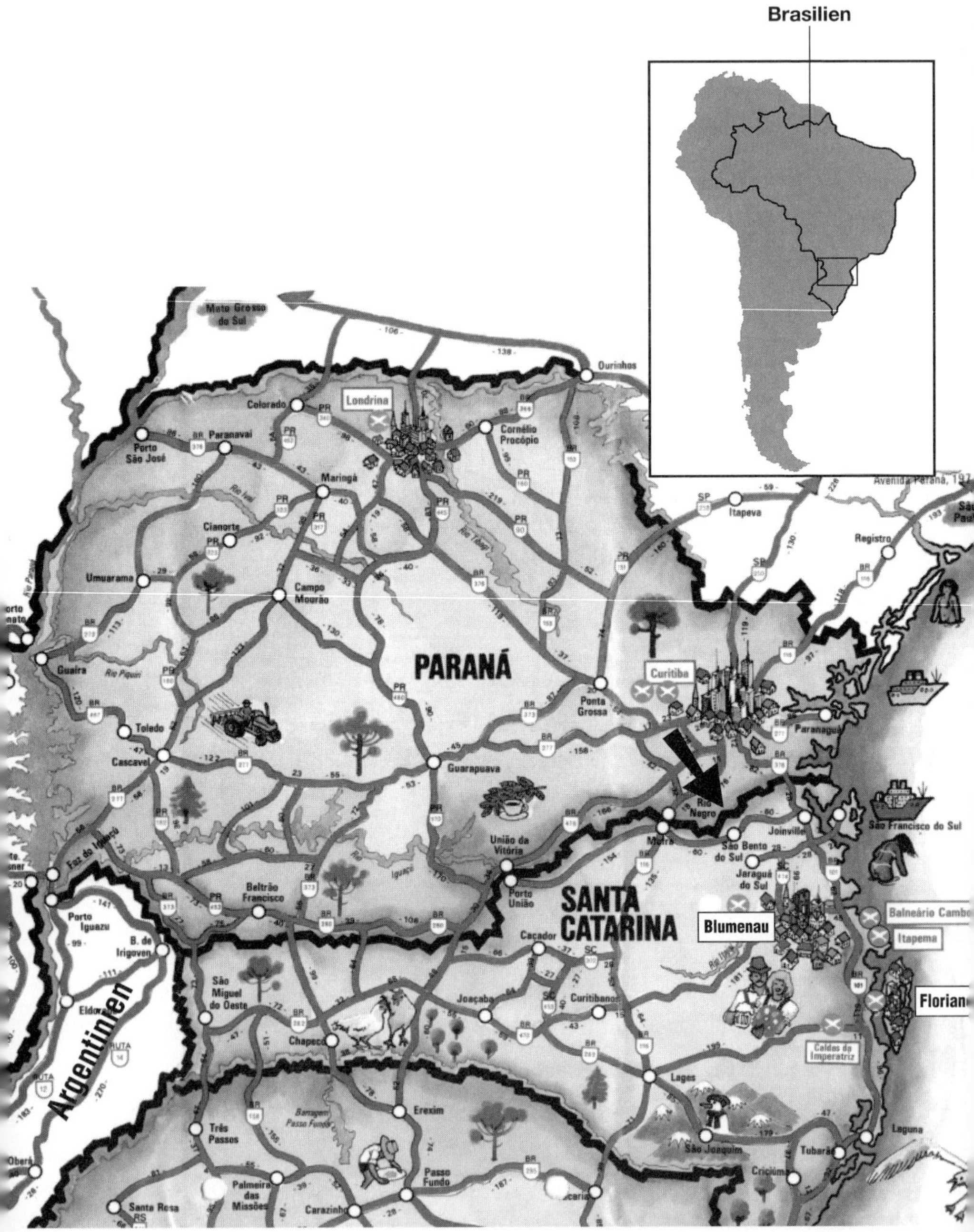

Brasilien
Mato Grosso do Sul
Ourinhos
Londrina
Colorado
Paranavaí
Porto São José
Cornélio Procópio
Maringá
Cianorte
Umuarama
Campo Mourão
Itapeva
Registro
PARANÁ
Guaíra
Rio Piquiri
Toledo
Cascavel
Curitiba
Ponta Grossa
Paranaguá
Guarapuava
Rio Negro
Mafra
São Bento do Sul
Joinville
São Francisco do Sul
Jaraguá do Sul
União da Vitória
Porto União
Foz do Iguaçu
Porto Iguazu
B. de Irigoyen
Beltrão Francisco
SANTA CATARINA
Blumenau
Balneário Cambo
Itapema
Caçador
São Miguel do Oeste
Joaçaba
Curitibanos
Florian
Chapecó
Caldas do Imperatriz
Lages
Eldorado
Argentinien
Erexim
Três Passos
São Joaquim
Laguna
Tubarão
Criciúma
Passo Fundo
Palmeira das Missões
Carazinho
Santa Rosa
Barragem Passo Fundo
Rio Iguaçu
Avenida Paraná, 197

9. In Blumenau, der deutschen Stadt in Brasilien

Mit dem Überlandbus durch den Süden Brasiliens – Der Bus und mein Gepäck sind weg – Razzia mitten in der Nacht auf freier Strekke – Blumenau – Alte Kameraden – Die deutsche Vergangenheit – Repressalien und Verbote nach 1945 – Oktoberfest und Wiener Cafe – Ich spreche mit Dr. Sasse, dem deutschen Bürgermeister – Mit dem Bus nach Florianopolis – Das Geisterhotel.

Wie gesagt, ist es eine sehr moderner, klimatisierter Bus mit bequemen, verstellbaren Liegesitzen. Ich habe den Sitz rechts hinter dem Fahrer. Er hat einen besonders breiten Fußraum und ist durch eine Glaswand vom Fahrer getrennt. Es ist nicht nur ein bequemer Platz, sondern ich kann von ihm aus auch voll die ganze Fahrbahn nach vorne überblicken.

Nach etwa 3 1/2 Stunden Fahrzeit haben wir unterwegs in irgendeiner Stadt an einem Rodoviaria Halt gemacht. Rodoviarias sind Omnibusbahnhöfe für die Überlandbusse. Sie liegen meist etwas außerhalb der Städte und sind wie moderne Flughäfen mit Halle, Abfertigungsschalter, Restaurants, Läden, Rolltreppen und jeder Art von Einkaufsmöglichkeiten ausgestattet.

Vor den langgestreckten Rodoviarias sind numerierte Gates, an denen die aus allen Richtungen kommenden Überlandbusse rechtwinkelig zum Rodoviariagebäude anlegen. Da es hier in Brasilien bis auf einige Strekken an der Küste so gut wie keine Eisenbahnverbindungen gibt, spielt naturgemäß der Omnibus als Transportmittel neben dem Flugzeug in der Verbindung zu den Städten und Provinzen eine große Rolle.

Genau in diesem Rodoviaria sollte ich meine zweite Überraschung erleben.

Kurz vor 10 Uhr nachts kamen wir am Rodoviaria an. "Eine halbe Stunde Pause", verkündet der Fahrer.

Da ich gleich hinter ihm sitze, bin ich auch als Erster aus dem Bus. Ich merke mir die Gate-Nummer, an der wir halten. Es ist die Nummer drei. Dann verschwinde ich im weitläufigen Rodoviaria. Bummele dort durch die Ladenstraßen. In einem der Läden kaufe ich einige der Churrusos. Die sind hier, obwohl der Tabak von Bahia aus in die ganze Welt exportiert wird, sündhaft teuer. Während man in Deutschland eine schwarze Brasil schon für 40 - 50 Pfennige bekommt, kosten sie hier im Durchschnitt das sechsfache. Außerdem gibt es selten welche zu kaufen. 159 Dollar, allerdings für eine Kiste kubanischer Monte Christo mit 25 Stück, werden hier verlangt.

Nachdem ich keine Zigarren mehr habe, kaufe ich mir hier ein paar, das Stück zu 12 Cruzados = DM 2,40. Danach gehe ich in ein Imbißrestaurant, um eine Kleinigkeit zu essen. Dann begebe ich mich wieder nach Gate drei, zu meinem Bus zurück, um rechtzeitig vor der Abfahrt da zu sein.

Doch Gate drei ist leer. Der Bus ist weg. Nur auf Gate 8 steht einsam und allein ein Bus. Doch der fährt nach Florianopolis.

Völlig verdattert und ratlos stehe ich da. Eine Gruppe weißbehemdeter Angestellter, die am Bus nach Florianopolis stehen, frage ich.
"Der ist abgefahren, es partir", erklärt man mir.
"Das gibt's nicht, das gibt's nicht", bäume ich mich ungläubig auf.
Abgefahren mit meinem ganzen Gepäck. Wie stehe ich da. Nur mit Hemd und Hose am Leib. Allerdings auch mit Geld und sämtlichen Papieren, einschließlich Paß. Das trage ich immer in einer Ledertasche am Gürtel. Sozusagen Fernreiseerfahrung Nr. 1.

“Jetzt fährt mein ganzes Gepäck, inklusive Kamera und Aufzeichnungen auf Nimmerwiedersehen mit dem Omnibus durch die Nacht und ich stehe hier, ohne Zahnbürste, mitten in Brasilien.”

Doch trotz allem kann ich mich mit diesen Gedanken einfach noch nicht abfinden. Ich stürme rein ins Rodoviaria, das gerade wieder abgeschlossen wird, um in einem Office nachzufragen und um eventuell die Weiterfahrt zu organisieren. Einen der weißgehemdeten vom Personal bekomme ich auf dem Weg dorthin zu fassen.
“Mein Bus auf Gate drei nach Blumenau ist weg”, schleudere ich ihm entgegen.
Der kann nur portugiesisch. Aber der andere begreift.
“Nicht weg. Nur nach Garage”, erklärt er mir seelenruhig.

Der Stein, der mir bei dieser Auskunft vom Herzen fiel, wäre er wirklich gefallen, hätte das ganze Rodoviaria in seinem Fundament erschüttert.

Mit dem erlösenden Gedanken des wiedergefundenen Busses setze ich mich entstreßt in einen der Sitze in der Wartehalle. Dort kann ich auch einen der Passagiere meines Busses erkennen. Nun erst bin ich ganz beruhigt und zünde mir eine der Zweimarkvierzig-Zigarren an.

Es dauert noch fast eine Dreiviertelstunde, bis endlich der verlorene Bus wieder da ist und die Fahrt durch die brasilianische Nacht weitergehen kann.

Die Brasilianer haben eine ganz einfache Methode, den Autoverkehr zu beruhigen und Rasern in und um die Städte und sonstigen gewünschten Gegenden das Konzept zu vermiesen und sie fernzuhalten. Das sind die sogenannten liegenden Polizisten. Es sind Barrieren, die in Form von Asphalt- und Betonschwellen oder Hubbeln quer über die Fahrbahn angebracht sind. Da kann der Autofahrer nur im Schritt darüber fahren, will er nicht riskieren, daß er einen saftig teueren Achsschaden fabriziert.

Sie einzusetzen, sind sie keinesfalls zimperlich. In den Städten sind sie fast alle 150 - 200 Meter angebracht. In den stark frequentierten Hauptverkehrsstraßen sogar in noch kürzeren Abständen. Niemand kann aufdrehen. Alle fahren sie brav und langsam.

Selbst weitläufig in den Fernverkehrsstraßen sind sie vor dem Erreichen der Orte und Städte eingebaut. Dort sind sie mit einem Vorwarnungs-Straßenschild gekennzeichnet.

Es ist 3 Uhr nachts, als wir plötzlich auf freier Strecke gestoppt werden. Vor uns und beidseitig ist die Straße durch ein großes Polizeiaufgebot gesperrt. Ein halbes Dutzend Omnibusse und jede Menge Pkws stehen schon vor uns. Straßenkontrolle. Polizeifahnder, die aussehen wie Cowboys mit ihren großen Hüten. Sie tragen blaue ärmellose Überwesten mit der Aufschrift POLICIA CIVILE. Wie in einer Gasse sind die Fahrzeuge von ihnen umstellt. Zwei davon entern jetzt unseren Bus und beginnen das ganze Gepäck in den Ablagen zu untersuchen. Mit ihren Taschenlampen durchleuchten sie jeden Winkel des Busses. Rauschgiftfahndung.

Fast eine Stunde werden wir durchleuchtet. Einige Passagiere müssen mit ihrem gesamten Gepäck zur Leibesvisitation aussteigen.

Endlich können wir weiterfahren. Die Durchsuchung unseres Busses war Gott sei Dank erfolglos.

Es wird hell. Wir fahren an einem Fluß mit beiderseitig bewaldeten hügeligen Bergen entlang. Es ist eine Landschaft wie in Deutschland am Rhein oder am Main. Wir sind im Itajai-Tal, dem Siedlungsgebiet der Deutschen.

Wäre es nicht heller Tag und Wirklichkeit, man würde angesichts der Landschaft und der Häuser glauben zu träumen. So ungefähr wie im Text eines bekannten österreichischen Schlagers, der im Refrain lautet: "Zwickts mi, ich glaab ich tram."

Wir sind im Gebiet von Blumenau, der deutschen Stadt in Brasilien.

Hier haben die deutschen Einwanderer anfangs des vorigen Jahrhunderts ihre alte Heimat - zumindest im Baustil der Häuser - träumerisch ver-

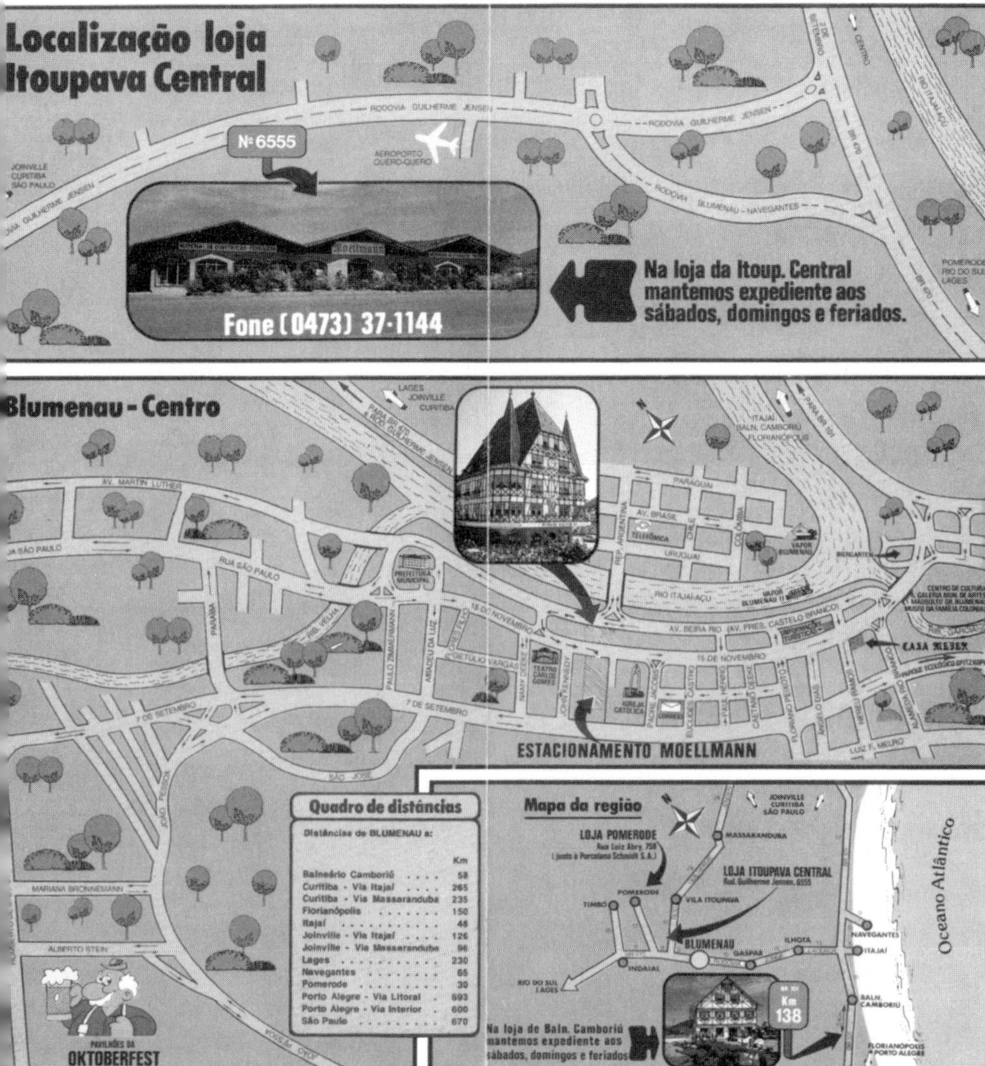

Die "Moselschleife" in Blumenau

wirklicht. Häuser, die im Schwarzwald, in Hessen, an der Mosel oder sonstwo in Deutschland stehen könnten. Oder auch nicht, denn sie sind mit viel Fachwerk, Türmchen und Erkerchen sehr sehnsuchtsvoll verkitscht.

Blumenau, die deutsche Stadt in Brasilien - sieht es nicht aus wie an der Mosel?

Da ist das Kaufhaus "Moellmann" in Blumenau, das aussieht wie das Rathaus von Michelstadt im Odenwald. Auf aufgesetzten Pfeilern steht der Fachwerkbau mit spitzem Ziegeldach und Türmchen. Natürlich brasilianisch größer als das Original.

Da ist das mächtige Fachwerk-Rathaus. Das sind Häuser, wie in Oberbayern. Mit ausladendem Holzbalkon und vielen Blumen.

Da heißen die Geschäfte "Hering", "Köster", "Beyer", "Moelmann", "Kurz" und "Maier". Da gibt es Hotels, die heißen "Himmelblau", "Bayern", "Zum Deutschen Eck", "Frohsinn". Da ist alles sauber und gepflegt. Mit altdeutschem Kopfsteinpflaster. Und da gibt es auch ein Oktoberfest mit Blasmusik und Schweinshaxen.

Das ist Blumenau, im Süden von Brasilien.

Nicht vergessen darf man die deutschen Metzger-, Bäcker- und Konditoreien. Hier kann man Weißwürste, Regensburger und Schinken, deutschen Kuchen, Gebäck und Schwarzwälder Kirsch kaufen. Von einer Qualität, wie man sie heute in Deutschland fast nicht mehr bekommt.

So habe ich im "Cafe Gloria" einen Apfelstrudel zu meinem Wiener Kaffee gegessen, bei dem sich selbst ein verwöhnter Wiener die Finger lekken würde.

Blumenau wurde 1850 von dem Deutschen Dr. Blumenau gegründet. Er reiste 1846 im Auftrag der "Gesellschaft zum Schutze deutscher Auswanderer" nach Südbrasilien. Seine Aufgabe war es zu klären, ob es einen Sinn hat, weitere deutsche Einwanderer in dieses Gebiet zu senden. Er begann, nachdem er das Tal um den Rio Itajai kennengelernt hatte, Verhandlungen mit der brasilianischen Regierung, Verhandlungen mit dem Ziel einer weiteren Kolonisierung.

Im Jahr 1850 kamen die ersten 16 Kolonisten an der Küste von Santa Catarina an Land. Sie fuhren auf einem primitiven Floß den Rio Itajai aufwärts und erreichten nach einer strapaziösen, monatelangen Fahrt das Gebiet um Blumenau. Dom Petro II. förderte die Besiedlung und die deutsche Kolonie als weitsichtiger Monarch.

Während 1860 erst 950 Siedler hier lebten, waren es 17 Jahre später schon über 14.000.

Anfangs des 19. Jahrhunderts entstand die erste Textilmanufaktur der deutschen Siedler. Die Firma Hering wurde gegründet. Sie hat sich bis heute zu einem weltweit führenden Textilkonzern entwickelt. Heute zählt Blumenau über 100.000 Einwohner.

Etwas verloren stapfe ich über das Kopfsteinpflaster von Blumenau und betrachte die aus Wunschvorstellungen und Liebe zur deutschen Heimat geborenen und romantisierten Fachwerkhäuser, die so gepflegt aussehen, als seien sie gestern erst gebaut worden.

An einem der Fachwerkhäuser sehe ich die gelbe Leuchtschrift der Lufthansa. Dort gehe ich hinein und bin gleich darauf im Gespräch mit dem perfekt deutsch sprechenden Personal und mit dem Chef. Es sind alles Blumenauer.

Ich sage ihnen, daß ich von Deutschland komme und von Iguazu einen Abstecher hierher nach Blumenau gemacht habe. Sofort werde ich zum Kaffee Brazil eingeladen und nach Deutschland ausgefragt. Der Chef gibt mir als Übernachtungstip das "Hotel Gloria" und ruft auch gleich dort an. Mit meinem Leichtgepäck marschiere ich auch sofort hin, und zu einem Vorzugspreis von 80 Cruzados, das sind 16 DM, erhalte ich in dem 4-Sterne-Hotel ein wunderschönes Zimmer mit Frühstück.

Zu Fuß gehe ich dann durch die Straßen von Blumenau. Am Biergarten, über dem Fluß gelegen, mache ich Halt. Der Biergarten könnte in Nürnberg am Dutzendteich sein. Dort sind es Kastanien, unter denen man sitzt. Hier Bäume, die mit ihren schattigen, weitausladenden Kronen ähnlich aussehen, aber eben einen brasilianischen Namen haben. Selbst die Temperaturen hier sind wie in Deutschland. 20 bis 22° Celsius.

Das Bier der Brahma-Brauerei, eine deutsche Brauerei, schmeckt ausgezeichnet. Es ist übrigens das beste Bier, das ich außerhalb der Grenzen Deutschlands getrunken habe. Es ist überhaupt nicht mit den Bieren Südostasiens, die zum Teil auch unter deutschen oder holländischen Markennamen laufen, zu vergleichen.

Oktoberfest und Maibaum

Nach zwei Schoppen schlendere ich weiter und komme am Mausoleum des Begründers der Stadt, von Dr. Blumenau, vorbei. Fast an jeder Ecke ist ein Denkmal von ihm. Auch ein Museum ist nach ihm benannt.

Plötzlich höre ich Marschmusik. Sie kommt aus einem großen Verwaltungsgebäude, und die Klänge des deutschen Marsches "Alte Kameraden" wehen an mein Ohr.

Aus einem Pförtnerhaus spricht mich der Pförtner, ein weißhaariger, älterer Herr mit stahlblauen Augen an. Anscheinend erkennt man sofort den Deutschen in mir.
"Na, wie gefällt Ihnen unser Blumenau?" begrüßt er mich. "Sie sind doch Deutscher?"
"Ja", antworte ich, "wer spielt denn da so schön?"
"Das ist unsere Stadtkapelle, die da drinnen übt. Es sind junge Brasilianer. Die werden von Hering bezahlt." (Hering ist der große deutsch-brasilianische Textilkonzern.) "Die sind alle dort angestellt. Sie werden zweimal die Woche von der Firma zum Üben freigestellt und erhalten zusätzlich 400 Cruzados im Monat zu ihrem normalen Lohn."

Dann schaut er mich mit seinen stahlblauen Augen an, gibt mir die Hand.
"Mein Name ist Kästner", stellt er sich vor.
"Köhler", sage ich. "Kästner heißt mein Nachbar in Deutschland."

So kommen wir ins Gespräch.

Er, dessen Großvater mit zu den ersten deutschen Siedlern hier gehörte, kann viel erzählen. Viel Bitternis schwingt auch mit bei seiner Schilderung über Ereignisse hier nach dem zweiten Weltkrieg.

"Blumenau und das Itajaital", beginnt er, "war schon immer eine kulturell blühende, von den deutschen Siedlern geschaffene Provinz. Es gab eigene deutsche Schulen, in denen die Kinder kostenlos lernen konnten. Deutsche Turn- und Sportvereine und Turnhallen mit den modernsten Sportgeräten, die man sich damals denken konnte. Bis 1945. Mit dem Ende des zweiten Weltkrieges kam der Umbruch. Da durfte plötzlich nicht

Geflaggt fürs Oktoberfest

mehr in der Öffentlichkeit deutsch gesprochen werden. Verhaftungen von Deutschen wurden vorgenommen. Auch ich saß mehrmals im Gefängnis. Eine Treibjagd auf Deutsche begann", so schildert er.

"Man hat Puppen hergestellt, die Adolf Hitler darstellen sollen und deren Arme und Beine mit Sand gefüllt waren. Damit mußte jeder, der blond und blauäugig war, auf der Straße unter dem Gejohle der Menge tanzen.

Nicht die Schwarzen waren es. Die waren in Ordnung und ihr Verhalten war uns gegenüber anständig. Es war der Milchkaffee, die Braunen."

Dann fährt er mit seiner Schilderung fort.
"Die Puppe wurde dann in einen Sarg gelegt und in den Fluß versenkt."

Sogar die Namen mußten geändert werden. Ich habe mich Kästner mit einem "ä" geschrieben. Das wurde verboten. Ich mußte mich ab diesem Zeitpunkt Kaestner, mit 'ae' schreiben."

"Und nun kommt etwas ganz Verrücktes", unterbricht er sich. "Das klingt wie ein Witz. Ein Jahr danach kam eine große, langanhaltende Trockenheit. Und da die Bevölkerung hier sehr abergläubisch ist, denken sie an 'Macumba' und Geisterbeschwörung. Sie haben deshalb eine Wahrsagerin befragt, was sie tun sollen, damit die Geister wieder regnen lassen und die Dürre beenden.
Die sagte ihnen: Ein Sarg liegt im Fluß. Den müßt ihr suchen und wenn ihr ihn findet, wird es wieder regnen.
Also hat alles systematisch den Fluß abgesucht und sie haben den Sarg mit der Puppe gefunden ... Und was soll ich Ihnen sagen, tatsächlich, nach zwei Tagen hat es geregnet."

"Ich kann mir schon vorstellen, daß diese Zeit damals sehr schlimm für Sie war. Doch ist es weniger die Schuld der Menschen. Schuld ist die damalige systematische Propagandahetze der Siegermächte gewesen, die diese zum Teil ungebildeten Menschen hysterisch gegen alles Deutsche erfolgreich aufhetzte. Wir dürfen uns heute nicht mehr mit der Vergangenheit belasten, sondern müssen tatkräftig in die Zukunft blicken und da hat sich doch hier wieder Wesentliches zum Positiven hin verändert."

Das ist Blumenau mit seinen deutschen Fachwerkbauten, Geschäften und Fabriken.

“Ja”, meint er, “das stimmt schon. Deutschland hat ja auch sehr viele und erhebliche Zuschüsse geleistet. Die sind aber teilweise gar nicht hier angekommen.”

“All das”, erwidere ich, “sehe ich als bittere Übergangserscheinungen, die nach solch einem geschichtlichen Einbruch, wie es das Jahr 1945 war, zwangsläufig immer geschehen. So wie ich den Eindruck durch meine Reise in diesem unendlichen Land habe, gehören heute doch gegenseitige Ressentiments der Vergangenheit an. Im Gegenteil. Es gibt hier eine gute und für beide Seiten gedeihliche Zusammenarbeit auf allen Gebieten. Vor allem auf dem Wirtschaftlichen. Denken Sie nur an die Schaffung von VW do Brasil und Mercedes, der Kraftwerkszusammenarbeit und vieles andere, das diesem Land wesentlich das Tor durch uns zur eigenen nationalen Industriealisierung geöffnet hat. Damit hat sich aus der Interessengleichheit heraus eine echte deutsch-brasilianische Freundschaft entwickelt. Bei den Menschen wie bei den Regierenden, wie ich überall sehen und spüren konnte.”

“Ja, das stimmt schon”, erwidert er. “Seit der letzten Wahl haben wir auch wieder einen deutschen Bürgermeister, Dr. Sasse, und einen deutschstämmigen zweiten Bürgermeister. Der muß aber erst wieder Deutsch lernen. Seit dieser Zeit geht es hier auch in allem wieder gewaltig bergauf. Das letzte Oktoberfest war bei allen Deutsch-Brasilianern und Brasilianern ein großer Anziehungs- und Treffpunkt. Besucher aus allen Regionen, von Rio bis Recife kamen zum Feiern hierher. Aber noch haben wir seit 45 Jahren keine eigene deutsche Schule”, schließt er.

Ich verabschiede mich von ihm und drücke ihm lange die Hand. Dann gehe ich am Fluß entlang, biege von dort ab und gehe den Hügel hinauf bis zum Gasthaus “Frohsinn”.

Hier auf halber Höhe der umrahmenden Berge hat man einen herrlichen Überblick auf Blumenau und das Flußtal. Außerdem gibt es hier einen ausgezeichneten Kaffee und eine noch bessere Torte.

Die Fa. Hering ist der größte Arbeitgeber und Mäzen - vor allem für Blaskapellen!

Ich sitze draußen auf der Terrasse bei einer auch für Deutschland sommerlich gemäßigten Temperatur von 20° Celsius.

Am Abend dann esse ich in der “Blauen Grotte”, einem guten deutschen Speiserestaurant, und trinke eine Flasche vorzüglichen, trockenen brasilianischen Weißwein. “Johannesberg” steht auf dem Etikett.

Nach einem üppigen Frühstück vom aufgebauten Selbstbedienungsbüfett, das angesichts der Zeit - es ist 11 Uhr - mehr einem Brunch gleicht, zahle ich meine Rechnung, denn ich will um 12 Uhr mit dem Bus weiter nach Floranopolis, an den Südatlantik.

Am Empfang komme ich mit dem deutschen Chef des Hotels in Gespräch. Dabei verwerte ich die Information, die ich von dem alten Blumenauer, Herrn Kästner, bekommen habe.
“Wie ist eigentlich die genaue Anschrift des neuen deutschen Bürgermeisters, Dr. Sasse?” frage ich ihn. “Vielleicht könnte man in Deutschland irgend etwas für Blumenau anregen.”
“Wollen Sie ihn selbst sprechen?” fragt er zurück und ehe ich es abwehren kann, verschwindet er mit “ein Moment” in der hinter der Rezeption liegenden Telefonzentrale, und ich stehe alleine vor dem Empfang.

Es dauert eine Weile. In dieser Zeit kann ich mich mit der Wirkung meiner Frage auseinandersetzen. Plötzlich taucht der Chef mit dem Telefonhörer am Ohr im Türrahmen hinter der Rezeption auf und winkt mich zu sich.
“Bürgermeister Dr. Sasse”, sagt er und drückt mir den Hörer in die Hand.

“Dr. Sasse”, tönt es vom anderen Ende der Leitung an mein Ohr.

Jetzt muß ich mir auch auf meine spontane Frage von vorhin etwas einfallen lassen.
“Grüß Gott, Herr Dr. Sasse”, antworte ich in die Muschel. “Mein Name ist Köhler. Ich bin als Tourist von Nürnberg nach Blumenau gekommen. In mehreren Gesprächen mit Deutschen in Blumenau habe ich von den

"Herzlich willkommen" im Zentrum von Blumenau.

verschiedenen Problemen hier erfahren. Das hat mich angeregt, eventuell nach meiner Rückkehr nach Deutschland deutsche Stellen darauf aufmerksam zu machen, um eine Spende anzuregen oder sonst irgend etwas solidarisch zu tun."
Ich mache eine kleine Pause, dann fahre ich fort. "Vielleicht läßt sich ein kleiner Sorgenkatalog zusammenstellen."

"Kommen Sie doch bei mir vorbei", schlägt Dr. Sasse vor.

"Das ist leider wegen der Kürze der Zeit nicht möglich, da in einer dreiviertel Stunde mein Bus nach Florianopolis abfährt. Dies soll auch nur als Kontaktgespräch angesehen werden. Sollte sich zu Hause etwas Konkretes solidarisieren lassen, dann würde ich Sie darüber informieren."

"Ich verstehe. Sollten Sie etwas zuwege bringen, dann schreiben Sie an mich. Blumenau, Hans-Husche-Straße."

"Ja, das wäre die Form, ich will sehen, was sich machen läßt. Initiative ist wie in allem gefordert. Ich bedanke mich für das Gespräch und wünsche Ihnen und allen Blumenauern für die Zukunft alles Gute, Herr Bürgermeister."

"Auch ich möchte mich bei Ihnen bedanken und wünsche Ihnen eine gute Heimreise und ein Wiedersehen mit Blumenau."

Damit war das Gespräch beendet, und der schwarze Peter auf meine spontane Frage beim deutschen Hotelchef lag wieder bei mir.

Pünktlich auf die Minute fährt mein Bus von Blumenau nach Florianopolis ab.

Der erste Teil der Fahrt geht durch das liebliche Itajai-Tal am Fluß entlang. Durch Dörfer, die ihren deutschen Charakter in ihrer Fachwerk-Bauweise und in ihrer Sauberkeit nicht verhehlen können.

Am späten Nachmittag erreichen wir dann die Küste des Südatlantiks. Die fahren wir ca. 25 Kilometer entlang nach Süden und kommen zu den Vororten von Florianopolis.

Gedenkstätte von Dr. Blumenau, dem Gründer dieser "deutschen Provinz"

Florianopolis selbst liegt auf einer großen Insel vor der Küste. Mit seinen Hochhäusern und seiner Hängebrücke - sie ist die längste Brasiliens - die es mit dem Festland verbindet, sieht die Stadt aus wie ein San-Francisco-Verschnitt.

Wir fahren über die Brücke und den spiegelblanken blauen Meeresarm. Das Rodoviaria von Florianopolis liegt mit seinem flughafenähnlichen Gebäude direkt am Meeresufer der Insel. Die Stadt selbst, die dem unmittelbar vom Meer aus ansteigenden Hügeln hinaufgebaut ist, wirkt mit ihren 30 bis 40 Stockwerk hohen Wolkenkratzern wie eine Wand.

Das Hotel, das mir das Büro in Blumenau vermittelt hat, kann ich zu Fuß erreichen. Es ist schon vom Rodoviaria aus zu sehen. Über eine langgezogene Fußgängerbrücke, die über die breiten Bänder der hier gebündelten Schnellstraßen führt, bin ich in 10 Minuten dort.

Ich bekomme ein Appartement im 28. Stock. Klimaanlage an, und unter die Dusche. Ich will die Zeit bis zum Sonnenuntergang nutzen, um mir noch im Hellen die Stadt ein wenig anzusehen.

Doch da gibt es nicht viel zu sehen. Hügelaufwärts, gestaffelt nach oben, ziehen sich die Querstraßen parallel zum Hang. Die Längsstraßen gehen rechtwinklig dazu steil aufwärts. Als Fußgänger verschwindet man unten im düsteren Gitternetz der schmalen Straßen zwischen den Wänden der 40-stöckigen Wolkenkratzer.

In einer Churrascaria, die ich ausfindig machen kann, esse ich zu Abend. Wieder bekomme ich so viel Fleisch vom Spieß auf den Teller gepackt, daß ich gar nicht alles essen kann. Dazu trinke ich einen argentinischen Rotwein, einen Cordilheras Tinto. Als ich nach Stunden fertig bin, gehe ich die fünf Wolkenkratzerkarrees zurück zu meinem Hotel, lege mich in die Falle und verfolge noch vor dem Einschlafen den Präsidentschafts-Wahlkampf von 25 (fünfundzwanzig!!) Kandidaten für dieses Amt im Fernsehen. Allen wird die gleiche Sendezeit eingeräumt.

Um 4 Uhr morgens werde ich wach. Über mir laute Gespenstertritte, die ständig hin und her gehen. Dann Pause. Dann wieder das laute Klapp-

Klapp von Schritten, das nicht mehr aufhört, sich verstärkt. Dann rumpelt etwas. Es ist unmöglich, weiterzuschlafen.

Nach längerem Hin- und Herwälzen stehe ich auf und gehe unter die Dusche. Es ist kurz nach 5 Uhr früh. Um 6 Uhr mache ich mich auf den Weg, steige einen Stock höher, um der Geräuschursache nachzugehen. Das gelingt mir auch. Die Lösung ist sehr prosaisch. Im Stockwerk über mir ist das Hotel-Restaurant mit Frühstücksraum und Frühstücksbuffet ... und genau im Trakt über meinem Appartement ist die große Hotelküche, deren Personal wegen des Frühstücks ab 6 Uhr um 4 Uhr die Arbeit beginnt.

Für den Ärger entlohnt mich ein herrlicher Panoramablick, der von der vollverglasten Restaurant- und Frühstücksterrasse über dem Meeresarm zwischen der Insel und dem Festland hinweg, mit einem farbenprächtigen Sonnenaufgang hinter den Bergen, geht.

Mein erster Weg nach dem Frühstück führt zum Inter-Brasil-Büro. Ich will meinen Weiterflug nach Rio unter Dach und Fach bringen. Ich habe Glück. Auch das Inter-Brasil-Büro kann ich, wie gestern das Hotel, zu Fuß erreichen. Es liegt vier Straßenzüge weiter oben. An einem Platz mit einer Kirche.

Bereits für 13.40 Uhr bekomme ich noch für heute eine Buchung.
“O.K.”, denke ich, “da bin ich ja heute noch in Rio, und auch noch zu einer zivilen Zeit.”

Da mich nichts hier in der Wolkenkratzerstadt hält, will ich gleich zum Flughafen. Er liegt gut 25 Kilometer außerhalb auf einer Halbinsel. Für die Fahrt dorthin mit dem Taxi werden 150 Cruzados verlangt. Im Hotel, wo ich meine Sachen abhole, frage ich nach einem Linienbus zum Airport.

“Sim, Senhor, den gibt es. Er fährt hier gleich in der Nähe ab.”
Dann zeigt er mir die Abfahrtstation auf einem Stadtplan und - oh Wunder - sie liegt knapp zwei Straßenzüge unterhalb des Hotels. Das sind nach meiner Berechnung noch nicht einmal vier Minuten zu Fuß.

Mit einem fröhlichen “obrigado” schwinge ich meine Leinentasche auf die Schulter, um diese “Marathonstrecke” - auch noch bergabwärts - anzutreten. Ich schaffe sie in drei Minuten und treffe auf den abfahrtsbereiten Streckenbus zum Flughafen, der nach meinem Einsteigen auch sofort abfährt.

Es ist eine wunderschöne Fahrt. Sie geht immer an der Küste der Insel entlang, an einem blauen spiegelglatten Meeresarm, der zwischen dem Festland gegenüber und der Insel liegt.

Die Sonne scheint vom blauen Himmel, und es ist 25 Grad warm. Um 11 Uhr bin ich bereits in der offenen Halle des modernen Flughafens. Für die ganze, dazu noch luftige Fahrt habe ich ganze 1,5 Cruzados bezahlt und keine 150 Cruzados, die mich das Taxi mindestens gekostet hätte.

Also schon in aller Frühe Geld verdient.

laesslich des 165jaehrigen Gedenktages der deutschen Einwanderung in Brasilien erscheint in Form einer Beilage am 27. Oktober 1989. Es geht dabei u.a. besonders um die Bedeutung der "Einwanderung der deutschen Industrie" in der zweiten Haelfte dieses Jahrhunderts.

Diretor Responsável: Egon Rodolfo von Weidebach

JORNAL ALEMÃO

Deutsche Zeitung

Brasilianisches Wochenblatt in deutscher Sprache seit 1897

Av. Liberdade, 702 - CEP 01502 - Tels.: 270-7813, 279-1149
Caixa Postal, 6849 - CEP 01051 - São Paulo - SP.

São Paulo, Freitag, 20. Oktober 1989 - Nr. 823

Einzelverkaufspreis NCz$ 3,00

Erdbebentragödie in den USA

San Francisco -jn- Bei einem schweren Erdbeben, das auf der Richter-Skala 6,9 Punkte erreichte, sind mindestens 175 Menschen ums Leben gekommen, 2.500 verletzt und 4.500 obdachlos geworden. Es wird jedoch befuerchtet, dass sich unter den Truemmern einer die beiden Stadtteile San Francisco und Oakland verbindende Hochstrasse noch weitere Todesopfer befinden. Der 15 Sekunden dauernde Erdstoss war die schlimmste Katastrophe in dem erdbebengefaehrdeten Gebiet seit 1906. Amerikanische Versicherungsgesellschaften schaetzten die Schaeden auf mehr als 1 Milliarde US Dollar.
San Francisco wurde in den fruehen Morgenstunden des Donnerstag erneut von einem Erdbeben getroffen.

Honecker abgesetzt

OSTBERLIN -jn- Der langjaehrige SED-Chef Erich Honecker, 77, musste nach einer stuermischen Nachtsitzung am Mittwoch frueh seine saemtlichen Aemter abgeben. Der offizielle Grund fuer den Ruecktritt Honeckers, der nach einer schweren Gallenblasenoperation erst wieder zu den Feierlichkeiten zum 40. Jahrestag der DDR seine Amtsgeschaefte aufgenommen hatte, sind seine angeschlagene Gesundheit. Wie in Ost-Berlin nach der entscheidenden Politbuero-Sitzung inoffiziell mitgeteilt wurde, wurde der Ruecktritt des greisen Staatschefs auf dessen Weigerung zurueckgefuehrt, mit oppositionellen Kreisen in der DDR Kontaktgespraeche aufzunehmen.

Die täglich im südlichen Brasilien erscheinende Deutsche Zeitung

Brasilien

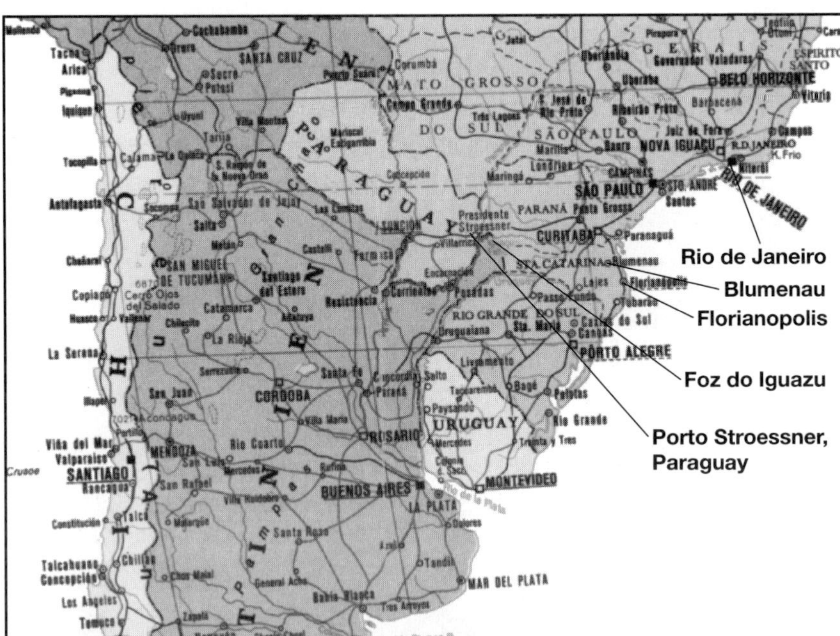
Rio de Janeiro
Blumenau
Florianopolis
Foz do Iguazu
Porto Stroessner,
Paraguay
BELO HORIZONTE
SÃO PAULO
CURITIBA
PORTO ALEGRE
MONTEVIDEO
URUGUAY
BUENOS AIRES
ROSARIO
CORDOBA
MENDOZA
SANTIAGO
MAR DEL PLATA
LA PLATA
SAN MIGUEL DE TUCUMAN
RIO GRANDE DO SUL
STA CATARINA
PARANÁ
MATO GROSSO
DO SUL

10. Abenteuer in Rio

Wieder in Rio – Überfall auf der Copacabana – Rio, die schönste Stadt der Welt, aber auch die kriminellste – Der zweite Überfall in 24 Stunden – Die Spezialpolizei an den Stränden – Die schreiende Armut der Favelas – Auf dem Zuckerhut – Im Jardinero für 30 Pfennige die Strände Rios entlang – Die Edelsteinmillionen in den Juweliergeschäften – Besuch bei Stern und Roditi, den größten Edelsteinkonzernen der Welt – Abendessen mit Senhor Consman, dem Edelsteinhändler.

Mit einer Stunde Verspätung landet meine Boing 737 in Rio. Der Blick beim Anflug über das in vielen Buchten und Bergkesseln liegende Rio mit seinem Zuckerhut und dem Corcovado mit dem 38 Meter hohen, auf die Spitze des 710 Meter hohen Bergzackens gebauten Christusmonument ist einfach atemberaubend.

Die VARIG in Blumenau hat mir das Hotel "Palace Praja" an der Copacabana enpfohlen. Ich erwische den Linienbus, der die 25 Kilometer nach Rio hinein fährt. Er hat Klimaanlage und kostet 13,40 Cruzados.

Nachdem wir die häßliche Seite an den Hafenkais passiert haben, fahren wir durch die Prachtstraßen Rios. Am Zuckerhut vorbei, geht die Fahrt weiter durch den Straßentunnel an den Strand von Copacabana. Der Bus hält. Der Fahrer, dem ich mein Hotel genannt habe, bedeutet mir, daß ich hier aussteigen muß. Nur 40 Meter sind es von der Haltestelle an der Straßenecke zum "Praya Palace" Hotel.

Klotzig groß steht das Wolkenkratzerhotel vor mir. Am weißbehandschuhten, die Glasflügeltüre aufreißenden Portier vorbei stapfe ich, halb im weichen Veloursteppich versinkend, an die erhaben vornehme Rezeption und stehe dem beflissenen Rezeptionschef gegenüber. Mittlerweile habe ich Erfahrung mit dieser Spezies Mensch.

"Köhler. Durch VARIG reserviert", lasse ich ihn wissen.
Er blättert in einer dubiosen Liste.
"Ja", sagt er dann. "Der Preis ist 420 nCz. plus 10% pro Nacht."
"Mir wurde aber ein geringerer Preis bei VARIG genannt."
"Tut mir leid, aber das ist unser Preis. Darauf gibt es keine Ermäßigung."
"Auch nicht auf meine Staff-Card?" frage ich mit sehr fester Stimme und lege ihm meine Air-Crew-Card vor.
Er wirft einen Blick auf die vor ihm liegende Legitimationskarte mit meinem Paßbild.
"Doch. 20% Discount."
"In Ordnung", sage ich und trage mich in den Meldezettel ein.

Dann nimmt ein wie ein General aussehender Hotelangestellter meine Leinentasche, geht in dem vornehmen Hotel zum vornehmen Aufzug und zeigt mir mein vornehmes Appartement.

Wie ein Deckel legt sich plötzlich die Nacht über Rio. Eben erst war es noch heller Tag.

Das Hotel liegt am südlichen Ende des sechs Kilometer langen, breit geschwungenen Strandes von Copacabana. Dort, wo rechtwinkelig die Avenida Atlantica vom Copacabana-Strand abbiegt und Verbindungsstraße zum Ipanemastrand wird.

Vom langen Flug noch steif, laufe ich die sechs Kilometer der lückenlos mit Hochhäusern bebauten Strandavenida an der Copacabana entlang bis zum anderen Ende, zu dem wie ein Onyxblock aussehenden 40stöckigen "Meridian-Hotel".

Auf der Mittelstation des "Zuckerhutes". Im Hintergrund der 720 m hohe „Corcovado" mit dem 38 m hohen Christusmonument.

In einem der zahlreichen Boulevard-Restaurants mit ihren Blechpilzschirmen und den Tischen und Stühlen davor, lege ich eine Pause ein und genehmige mir einen eiskalten Chopp Bier.

Wie eine große breite Spange umschließt die Avenida Atlantica den noch breiteren Sandstrand der Copacabana, an dem mächtig die Atlantikwellen anschlagen. Die hinter der Avenida dem Atlantik zugewandte Häuserseite ist eine zusammenhängende Wand von 30 - 40stöckigen Hochhäusern. Wie Fangzähne ragen dazwischen noch höhere.

Alle sind von der Jahrhundertwende bis jetzt erbaut. Alle sind verschieden in ihrem Baustil, aber alle sind prächtig. Hier kann man sich, im Gegensatz zu sonstigen Gepflogenheit, keinen Verfall leisten. Denn hier in der Prestige-Avenida ist man erste Adresse, ob Appartementhaus, Hotel oder Geschäft. Aber gleichzeitig geschehen hier auch die meisten Gewaltverbrechen. Doch davon später.

Jedenfalls, als ich das andere Ende, das Meridian Copacabana per Fuß erreicht hatte, bin ich das erste Mal überfallen worden. Es war keine spektakuläre Sache. Man spricht den Fremden an, will ihm freundlich behilflich sein. Ein zweiter ebenso Freundlicher kommt hinzu, und wenn man die Taschen nicht ganz fest zugehalten hat, ist das Geld weg. In meinem Fall hatte ich es im Gürtel. Hatte also keines in der Tasche.

Am anderen Ende, gleich hinter dem feudalen klotzigen "Meridian", lag mein Hotel "Copacabana Acapulco". Dort wohnte ich vor acht Jahren, als ich das letzte Mal in Rio war. Ich finde es auf Anhieb. Es ist ein 15-Stock-Hotel, gleich in der Parallelstraße zur großen Atlantica Avenida, an der das "Meridian" liegt.

Es ist kaum wiederzuerkennen. Neu und vollkommen erneuert, mit großer Schmuck- und Juwelen-Passage im Foyer.

Ich trete ein und frage an der Rezeption nach dem Zimmerpreis.
"260 nCz, Sir."

Mittelstation zum Zuckerhut

“Und was ist Ihr Discount?” Dabei lege ich meine Air Crew Card vor ihm auf den Empfangs-Counter.
“10% Discount, Sir”, ist die Antwort.
“Maybe I come tomorrow”, sage ich und stecke meine Crew Card wieder ein.

Mein Entschluß steht fest. 260 - 10% = 234 nCz, das sind über 120 nCz weniger pro Nacht als im jetzigen “Praya Copacabana”, und außerdem liegt das “Acapulco” günstiger. Ich werde also morgen hier in das “Acapulco” überwechseln.

Befriedigt und mit einem festen Plan für den nächsten Tag, wandere ich die sechs Kilometer die Bucht der Copacabana wieder zurück, nicht ohne unterwegs eine Chopp-Pause einzulegen.

Um 23.30 Uhr komme ich am anderen Ende in meinem feudalen Hotel “Copacabana Praya” an. Dort plündere ich einen Teil der Alkoholika in meinem Hoteleisschrank, nehme eine Dusche und schaue mir im Fernseher die neuesten Nachrichten des gegenwärtigen Präsidentschafts-Wahlkampfes an. Dann schlafe ich selig nach einem langen ereignisreichen Tag ein.

Sofort nach dem Frühstück zahle ich und mache mich auf den Weg zum Hotel “Acapulco Copacabana”. Gleich an der Ecke steige ich in den Linienbus und für 18 Pfennige werde ich fast bis ans Hotel auf der anderen Seite der Copacabana gefahren. Ich muß nur den großen Boulevard überqueren und schon bin ich da.

Fast für die Hälfte des Preises, den ich im “Praya” zahlen mußte, bekomme ich ein wunderschönes Appartement mit Waschraum, Aircon und Farbfernseher. Außerdem bin ich hier näher am Zentrum und kann vieles zu Fuß erreichen.

Vier Tage bin ich nun schon in Rio. Seit meinem letzten Besuch vor ca. acht Jahren muß ich feststellen, hat sich fast überhaupt nichts verändert.

Von der Lage her ist Rio mit Abstand die schönste Stadt der Welt. Mit seinen Dutzenden von anmutigen, großen und kleinen schneeweißen Stränden, die zum Teil in den tropischen Schluchten der unmittelbar aus dem Südatlantik aufsteigenden hohen Küstenberge liegen, erscheint es für den Fremden einfach märchenhaft.

Auf der Mittelstation

Das einzige, das sich hier verändert hat, scheint die Kriminalität zu sein. Die ist ganz enorm gestiegen. Vor allem auf dem Gebiet der Gewaltverbrechen. Auch ich wurde innerhalb von 24 Stunden zweimal überfallen. Das erste Mal an der Copacabana, wie bereits geschildert. Das zweite

Mal auf der breiten Avenida, die rechtwinkelig zur Copacabana führt. Beide Male zu ganz normalen Zeiten und mitten unter den Fußgängern. In beiden Fällen war der Überfall erfolglos. Im ersten Fall, weil ich mein Geld im Gürtel hatte, und im zweiten Fall, weil die Gangster - einer erkundigt sich nach der Uhrzeit, der andere startet einen schnellen Griff nach hinten in die Hosentasche - die falsche Taschenseite erwischt haben. So kam ich in beiden Fällen mit einem blauen Auge davon.

Doch gestern Abend erst haben sie eine Frau am Strand erschossen. Es geschah unmittelbar nachdem ich in meinem Hotel ankam. Es ist der 4. Mord in Folge am Strand von Copacabana. Deshalb ist auch verstärkt Polizei eingesetzt. Man hat dafür eine Spezialpolizei geschaffen, die Policia militaire tourismo. Sie agiert jeweils zu zweit direkt unter den Besuchern am Strand. Sie sehen aus wie Touristen. Es sind junge Beamte in blauen Shorts, blauen Segelleinenschuhen, blauen Freizeitmützen und mit ärmellosen weißen T-Shirts, auf deren Rückenteil in schwarzer Schrift groß POLICIA MILITAIRE TOURISMO aufgedruckt ist. Sie sehen aus wie athletische, gut durchtrainierte Sportlehrer, nur daß sie am umgeschnallten breiten Ledergürtel einen Revolver im Halfter tragen.

Wenn man den sozialen Unterschied, der hier herrscht, sieht, dann wundert man sich über die hohe Kriminalität nicht mehr. Auf der einen Seite die Fülle des Angebotes und des horrend zur Schau gestellten Reichtums. Auf der anderen Seite die Favelas, die Blech- und Papphütten an den Berghängen. Wer hier wohnt und als Arbeitssuchender von der Großstadt angelockt, hier landet, hat keine Chance mehr. Wen wundert's, daß sich hier schon die Kriminalität in Kinderbanden mit Raubzügen organisiert.

70% der unteren Bevölkerungsschicht in Rio ist arbeitslos. Hier aber heißt arbeitslos, keinen Pfennig Unterstützung. Hier ist man nicht einmal registriert.

Dabei besitzt das Land fast alle Reichtümer, die man sich denken kann. 65% des Edelsteinabbaues der Welt kommen von Brasilien. Tropische Früchte, Agrarprodukte, alles ist da. Ja, jetzt auch Erdöl.

Blick vom Zuckerhut auf den weißen Strand der Copacabana

Jeder zweite Laden an der Copacabana und auch sonst in den Verkaufszentren hier, sind Luxusgeschäfte für Edelsteine und Schmuck. - Selbstverständlich sind nachts die Läden geräumt und auch sonst schwer gesichert.

Betrachtet man die Auslagen in diesen Schaufenstern, dann kann man sicher sein, daß ein elegant gekleideter Herr oder eine ebensolche Dame aus dem Laden kommt und Sie freundlich lächelnd anspricht und Sie in ein Gespräch verwickelt. Meist geschieht das sofort in der Landessprache des Betrachters. Also in meinem Falle Deutsch. Schon im Laden hat man Ihre Nationalität mit verblüffender Sicherheit erkannt. Es ist das geschulte Personal der Weltfirmen der Edelsteinbranche, die da heißen H. STERN, SAUER AMSTERDAM, RODITI.

Diese Firmen beherrschen von Rio aus den Weltmarkt des Vertriebes von farbigen Edelsteinen.

Haben Sie keine Scheu vor diesen freundlichen Damen und Herren, die den unermeßlichen Reichtum ihrer Läden mitrepräsentieren. Lassen Sie sich ruhig verführen und in den vornehmen Laden locken. Man wird Sie nicht wie ein Versicherungsagent überreden wollen. Hier geht es viel vornehmer und subtiler zu. Man wird Ihnen die Besichtigung der Werkstätten anbieten. Sie einladen, damit Sie sich überhaupt einmal einen Begriff von der Edelsteinanfertigung machen können. Es wird Ihnen die Arbeit des mühsamen Präzisionsschleifens vom Rohkristall bis zum fertigen goldgefaßten Edelstein, dem Smaragd, Edeltopas, Turmalin, Aquamarin, Rubellit, Amethyst, Zitrin und Opal gezeigt werden und Sie werden dabei ehrfürchtig gefangen von den bunten, funkelnden Steinen.

Lassen Sie sich dann richtig einige Steine und Kunstwerke zeigen. Seien Sie selbstsicher. Fragen Sie ruhig nach dem Preis. Man wird Ihnen interessante Angebote machen. Sagen Sie, daß Sie diesen sehr interessant finden, Sie sich aber erst eine Übersicht verschaffen wollen. Sich erst in der nächsten Woche, kurz vor Ihrem Abflug entscheiden werden.

Der wie ein Wintergarten verglaste Jardinario, dessen Schaulinie entlang der Copacabana und der anderen Strände verläuft.

Man wird Verständnis bekunden und Ihnen einen noch günstigeren Preis für das auserwählte Stück - cash, versteht sich - offerieren. Bedanken Sie sich ebenso freundlich und verabschieden Sie sich mit der Aussicht, daß Sie sich in den nächsten Tagen entscheiden werden. Man wird Sie äußerst höflich verabschieden, - denn man verkauft ja keine Fußabstreifer - . Daß Sie auf Kosten des Hauses mit einem Aircon-Taxi, wie vorher hierher, auch wieder zurück ins Hotel gebracht werden, ist natürlich selbstverständlich.

Wenn Sie nichts gekauft haben, so haben Sie zumindest einen interessanten Einblick in die Entstehung eines Edelsteinschmuckstückes vom Rohling bis zum geschliffenen und gefaßten Edelstein erhalten. Außerdem haben Sie zwei kostenlose Taxifahrten durch Rio gemacht. Haben Sie gekauft, dann entsprechen die Preise etwa einem Fünftel dessen, was Sie in Deutschland ohne Mehrwertsteuer auf den Tisch des Juweliers legen müssen.

Am nächsten Tag ist der Zuckerhut angesagt. Zu Fuß gehe ich vom Copacabana stadteinwärts durch den Straßentunnel. Danach rechts ab und schon bin ich an der Seilbahnstation des Zuckerhutes.

“30 Cruzados, Sir”, fordert die Kartenverkäuferin an der Kasse der Seilbahn. Ich gebe ihr die 5 Mark und habe das Ticket in der Hand. 160 Cruzados verlangt man mit der organisierten Tour vom Hotel aus und kassiert für die paar Schritte Fahrleistung durch den Tunnel 130 Cruzados.

Die Auffahrt zum Zuckerhut geht über eine Mittelstation, die auf der Spitze eines kleineren, davor liegenden Berges steht. Dort, schon hoch über Rio, steigt man um und fährt dann mit einer zweiten Seilbahn weiter über eine riesige Schlucht zur Bergstation des sich 390 Meter unmittelbar vom Meeresspiegel erhebenden Pao de Azucar, des Zuckerhutes.

Von der Spitze des Zuckerhutes hat man einen traumhaft schönen Überblick über Rio und seine unzähligen Buchten, Schluchten und Strände und seine ebenso unzähligen Inseln und Inselchen davor.

Einige Kilometer Luftlinie gegenüber begrüßt uns die 38 Meter hohe Christusstatue mit ihren ausgebreiteten, alles umfassenden Armen, die auf dem 710 Meter hohen, ebenso steil unmittelbar aus dem Meer aufsteigenden Corcovados steht. Hat sich um ihn eine Wolkenkrause gebildet, dann erscheint der große, armebreitende Christus über den Wolken zu schweben.

Das Gehirn durchgelüftet, in einer Art Bewußtseinserweiterung, die das gleißende, helle Sonnenlicht bewirkt, das durch die wasserdampfgesättigte Tropenluft, die über den spiegelnden Meeresarmen und den unzähligen grün-weißen Buchten steht, berausche ich mich an dem herrlichen Rundblick über Rio und seine märchenhaften Buchten von hier oben. Alles ist mild und weich gezeichnet.

Nachdem ich mich von dem zauberhaften Anblick förmlich losreißen mußte, fahre ich mit der Kabinenseilbahn wieder ab zur Talstation. Dort, am Bus- und Autoparkplatz, entdecke ich den JARDINARIO. Es ist ein großer Bus mit gartenhausartiger Verglasung, die wie auf einer Gartenterrasse die Sicht während der Fahrt ringsherum freigibt. Ich steige ein, und für 1,80 Cz, also für 30 Pfennige geht die Fahrt los. Zuerst zur Copacabana. Dann den Strand entlang bis Ipanema. Von dort weiter an der großen Lagune Rodrigo de Freitas vorbei nach Leblon.

Diese wunderschöne Lagune, deren Ufer mit großen Rasenflächen und Palmen parkartig gesäumt ist, wurde künstlich angelegt. Sie hat einen Umfang von zehn Kilometern und erstreckt sich vom Fuß des Corcovados bis kurz vor den Ipanemastrand. Auf der Lagune und an ihren großflächigen parkartigen Ufern hat man jede Art der Sportmöglichkeit. Man kann Reiten, Fußball spielen, Rad- oder Rollschuh fahren und kann auch jede Art von Wassersport betreiben. Am Rande dieses Sees haben sich Rios vornehmste Clubs mit ihren Clubhäusern angesiedelt. So u.a. der Jokey-Club und der Segel-Club.

Die Fahrt mit dem Jardinario dauert über eine Stunde in einer Richtung. Sie führt bis Leblon, der Endhaltestelle.

Kurz vor Leblon kommen wir an einem großen Wolkenkratzerkomplex vorbei. Es ist das "Hilton Rio". Dort haben sie in feudalistischer Exklusivität ihre Schäfchen fest und abgeschirmt in der Hand. Außer dem Hotelkomplex mit seinem eigenen Strand ist nichts weit und breit. Um ein Zipfelchen des wirklichen Lebens hier zu erwischen und nach Rio oder zu den anderen Stränden zu kommen, müssen diese "Hilton-Gäste", um aus ihrem Ghetto herauszukommen, -zig Kilometer Taxifahrt bewältigen.

Mit zur schönsten Lage der Welt von Rio hat die Guanabara-Bucht, an der Rio liegt, beigetragen. Diese Bucht, die die Portugiesen, als sie sie im Jahre 1502 entdeckten, für eine Flußmündung hielten. Da es im Januar war, tauften sie deshalb die Bucht "Januarfluß", portugiesisch also "Rio de Janeiro".

Die Guanabara-Bucht ist eine riesige Blase, die über 100 Kilometer ins Landesinnere führt. Im hinteren Teil und in ihrer Mitte ist sie 50 Kilometer breit mit teilweise großen eingelagerten Inseln darin. Auf einer davon, der J. de Governador, befindet sich der internationale Flugplatz von Rio, der durch eine große Brücke mit dem Festland verbunden ist. Vorne, sozusagen an ihrer Mündung zum Südatlantik, ist sie nur knapp vier Kilometer breit.

Die Brasilianer sagen: "Als Gott die Welt erschuf, hat er alleine für Rio zwei ganze Tage verwendet."

Ich bleibe in Leblon, an der Endstation, im Jardinario sitzen, zahle nochmals 30 Pfennige und fahre die ganze herrliche Strecke entlang des Strandes von Leblon, Ipanema und Copacabana wieder zurück.

Heute bin ich vom Geschäftsführer der Roditi-Juwelen-Läden, Senhor Consman, zum Abendessen eingeladen. Das kam verhältnismäßig einfach zustande. Von der Roditi-Boutique in meinem Hotel wurde ich eingeladen, die Roditi-Werkstätte und Juwelen-Schleifereien zu besichtigen. Ich zeigte Interesse und stimmte zu. Eine Zeit wurde vereinbart, und ich wurde mit einem Taxi in das Hauptgeschäft an der Copacabana gebracht. Dort lernte ich Herrn Consman kennen.

Herr Consman ist der Leiter der Roditi-Juwelierläden im Copacabanabereich und spricht sehr gut Deutsch. Mit ihm habe ich mich, bevor mich das Taxi weiter zu den Edelsteinschleifereien bringen soll, sehr gut unterhalten. Von ihm erhielt ich auch Aufklärung über die Beurteilung des Wertes eines Amethysts, Smaragdes, Zitrins oder Opals.

Während es in der Verkaufs- und Bearbeitungszentrale bei H. Stern, in dessen supermodernem Wolkenkratzer in Ipanema ich am Vortag war, sehr amerikanisch durchorganisiert zuging, war es bei Roditi mehr handwerklich gemütlich. Auch die Roditi-Zentrale, in der Verkauf und Herstellung vereint sind, befindet sich in einem der Rio-Wolkenkratzer. Er liegt im Zentrum von Rio.

Heute vormittag ging ich nochmals in das Roditi-Juweliergeschäft. Ich wollte Herrn Consman, meinen Gesprächspartner von gestern, sprechen und ihn ein paar Fragen bezüglich der Edelsteine stellen. Doch man sagte mir, daß er nicht hier, sondern bei der Eröffnung eines neuen Roditi-Geschäftes sei. Höflich bittet man mich Platz zu nehmen, und schon hatte man mich telefonisch mit ihm verbunden.

“Eigentlich”, so erklärte ich ihm am Telefon, “wollte ich Ihnen nur einige Fragen bezüglich der Wertigkeit eines von Ihrem Konzern ausgestellten Zertifikates stellen.”

“Wissen Sie was”, tönt es vom anderen Ende der Leitung, “im Augenblick habe ich keine Zeit. Ich muß hier die Honneurs im neuen Geschäft machen. Aber was machen Sie heute abend? Ich möchte Sie gerne zum Essen einladen und außerdem wieder einmal Deutsch sprechen. Wie wäre es zwischen 19 und 20 Uhr? In welchem Hotel wohnen Sie und welche Zimmernummer haben Sie?”

“Herr Consman”, antworte ich, “wenn Sie heute nichts anderes vorhaben, nehme ich gerne Ihre Einladung an. Ich bin im Hotel Acapulco, Zimmer Nr. 1020.”

“Abgemacht, Herr Köhler, ich bin zwischen 19 und 20 Uhr bei Ihnen.”
“Gut, Herr Consman, dann bis heute abend 20 Uhr in meinem Hotel.”

“So ungefähr”, denke ich, “kommt die Jungfrau zum Kind” ... und lege den Hörer auf.

Kurz vor 19.30 Uhr fährt ein Mercedes an meinem Hotel vor. Beflissen öffnet der Chauffeur den Schlag, und Herr Consman steigt aus. Ich erwarte ihn schon vor dem Hoteleingang.
“Ach, Herr Köhler, seien Sie froh, daß Sie Tourist sind”, begrüßt er mich mit der Jovialität des gestreßten Geschäftsmannes, der nun ganz Privatmann sein möchte. Ich merke, daß er als Ausgleich für seinen Streß im Geschäft eine neutrale Bezugsperson braucht, bei der er seinen Dampf ablassen kann ... und das bin ideal ich, der unbekannte Tourist, bei dem es für ihn keine Interessenskonflikte gibt und bei dem er seine Worte nicht auf die Goldwaage legen muß.
“Wo gehen wir hin?” fragt der nach der Begrüßung.
“Nun, das überlasse ich Ihnen”, antworte ich. “Sie kennen sich ja in Rio aus.”
“Hm”, meint er.
“Irgend etwas mit Musik und Folklore”, meine ich.
“Gut”, sagt er. “Hier in der Nähe gibt es einen ausgezeichneten Spanier.”
“O.k.”, sage ich.
“Hm”, brummt er wieder, “aber der hat keine Musik.”
“Ist auch egal”, antworte ich.
“Doch, ich hab’s”, meint er, “gehen wir die Querstraße rüber zur Copacabana. Dort kenne ich ein vorzügliches Restaurant, einen Italiener.”

Gemeinsam gehen wir die paar Schritte zur Copacabana und schon sind wir an einem Eckrestaurant, hinter dessen getönten Scheiben Kerzenlicht flimmert. Wir betreten ein stinkvornehmes Aircon-Lokal. Sofort werden wir von befrackten Kellnern umschwänzelt und zu einem Tisch geleitet. Ich merke, daß Herr Consman hier sehr bekannt ist.

Erst bestellen wir ein Bier zum Durstlöschen. Dann einen Wein. Während die Vorspeisen kommen, beginnt eine Vier-Mann-Zigeunerkapelle ungarische Weisen zu spielen. Wir prosten uns zu, und Herr Consman erzählt mir seine Lebensgeschichte.

Geboren an der holländischen Grenze zu Deutschland, ist er als kleiner Junge nach Brasilien mit seinen Eltern gekommen. Die sind bald darauf beide verstorben. Er war vollständig auf sich alleine gestellt. Mit 17 ist er daraufhin zu einem Onkel nach Argentinien, an dem sein Herz immer noch hängt. Dort ist er aufgewachsen und hat geheiratet. 25 Jahre hat er in Argentinien gelebt. Jetzt ist er 50 und schon wieder seit vier Jahren hier. Seine Ehe ist gescheitert, und seine Frau und seine Kinder sind in Argentinien.
"Prost", sage ich.
"Prost", sagt er.
"Hier habe ich", fährt er fort, "eine gute Stelle gefunden und auch eine Freundin, mit der ich mich sehr gut verstehe."

Am Anfang bin ich über seine ungefragte Offenheit verblüfft. Doch dann begreife ich. Wenn schon, dann kann er sich bei mir, dem Deutschen, der morgen wieder weg ist, aussprechen.

Er tut's auch und ich kann ihn auch verstehen. Jedenfalls als wir uns nach Mitternacht verabschieden - "Ich habe morgen einen schweren Tag", meint er - weiß ich einiges über Edelsteine und ihren Wert und noch viel mehr über ihn.

Nachdem wir unsere Adressen ausgetauscht haben, verabschieden wir uns. Er fährt mit dem Taxi nach Hause, und ich gehe die paar Schritte zu Fuß zu meinem Hotel.

"Ja, um 18.00 Uhr", versichert mir der Taxifahrer. "Um 18.00 Uhr vor dem Hotel. Ich bin pünktlich. Ich heiße Jonny."
"Gut, Jonny, alles klar, um 18.00 Uhr. 80 Cruzados zum Flughafen."
"Ja, 80 Cruzados bis zum Flughafen", bestätigt er mir.
Das war am Morgen. Denn heute verlasse ich Rio und fliege nach Recife. Abflug ist 21.30 Uhr.

Der Flugplatz von Rio liegt weit draußen. Es sind über 25 Kilometer, die man von Rio aus nordwestlich fahren muß und vorher muß man noch durch den höllischen Verkehr der Stadt.

Obwohl ich weiß, daß wir hier mindestens mit einer Stunde Verspätung gegenüber der normalen Abflugzeit starten werden, gehe ich auf Nummer Sicher.

18.00 Uhr Abfahrt vom Hotel. Gut eine Stunde Fahrt durch das Verkehrschaos. 19.00 Uhr oder 19.30 Uhr Ankunft am Flughafen und dann gut zwei Stunden Zeit für Einchecken und die anderen Sicherheitszeremonien. Das ist mein in Gedanken geführter Ablaufplan.

Wie sehr ich mit meinem aus Erfahrung dazwischengeschobenen Zeitpolster für unvorhersehbare Fälle recht haben würde, sollte sich auch schon sehr bald herausstellen.

Der Pororoca

Die gefürchtete Flutwelle des Amazonas

“Wann fahren Sie wieder nach Belém zurück, Capitän?” frage ich den Kapitän des großen Amazonasholzschiffes, das hier in Santarém am Holzsteg neben der “Bras Rebello” einige Tonnen Zementsäcke ausgeladen hat und nun geleichtert fertig ist zur Rückfahrt. Amazonasabwärts zurück nach Belém.

“In zwei bis drei Tagen, Senhor. Ich warte erst den Pororoca ab, der morgen hier amazonasaufwärts durchrast.”

“Der Pororoca, Capitän? Was ist das?” frage ich neugierig.

“Der Pororoca, Senhor, das ist die gefürchtete Flutwelle, die jeweils bei Vollmond von der Atlantikmündung den Amazonas aufwärts rast. Dabei Schiffe zum Kentern bringt und mit seiner Gewalt Menschen und Tiere von der Böschung reist.” Leicht sprachlos höre ich die Antwort des Kapitäns.

“Ja, und wie entsteht denn diese Flutwelle?” will ich wissen.

“Ganz einfach”, erklärt der Capitän. “Das Amazonasgebiet ist eigentlich ein riesiges, mit Süßwasser gefülltes Meeresgebiet in dem Bäume wachsen. Mánaus, ca. 3.500 Kilometer von der Amazonasmündung entfernt, liegt genau 26 Meter über dem Meeresspiegel. Das entspricht einem Höhenunterschied von ein paar Zentimetern pro Amazonaskilometer. Zweimal im Jahr zu den Regenzeiten steigt das Wasser des Amazonas bis 12 m hoch. Dann sind viele Baumgipfel unter Wasser und das Amazonasbecken ist ein einziges riesiges Meer.”

“Ja, schon Capitän, aber was hat das mit dem Pororoca, der Flutwelle, zu tun?” will ich wissen.
“Sehr viel, Senhor! Weil das Amazonasgebiet so knapp über dem Meer liegt und auch soviel Wasser enthält, ist es auch den Gezeiten von Ebbe und Flut unterworfen. Die Folgen sehen Sie hier, ca. 1.500 Kilometer von der Mündung entfernt. Wir haben Ebbe. Alle Stege und Schiffe, außer hier am vorgebauten Anlegepier, sind trockengefallen. Haben wir Vollmond, dann wird die volle Anziehungskraft des Mondes auf das Wasser wirksam. In Verbindung mit der Flut entsteht dann eine Springflut dieses Ausmaßes, mit bis zu 5 Meter hohen Wellen. Das ist dann der Pororoca, die Riesenflutwelle, die zerstörerisch amazonasaufwärts rast.”

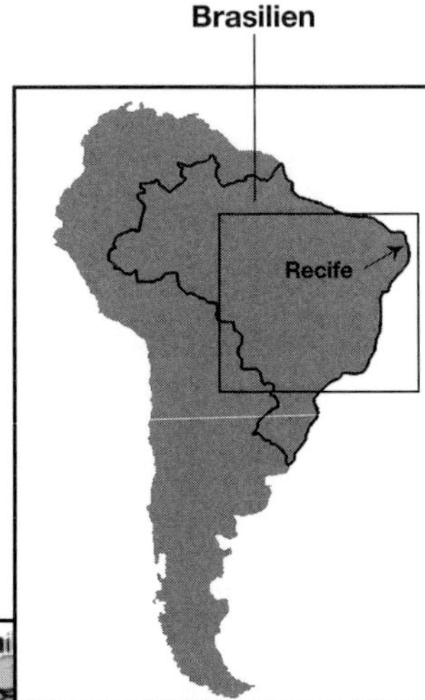
Brasilien
Recife

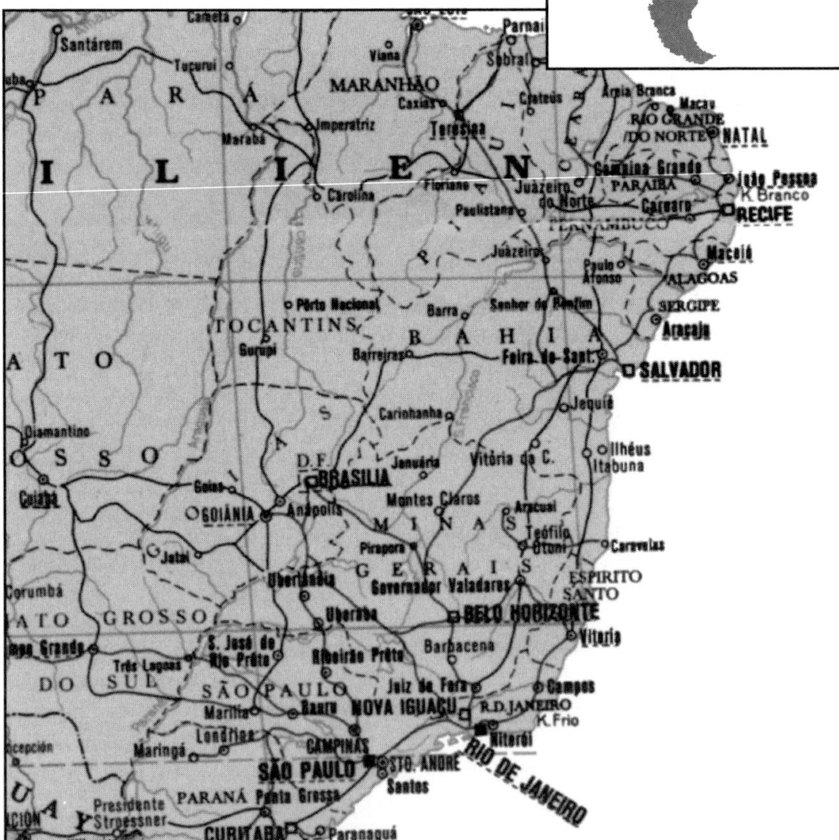
Santarém
Tucurui
Viana
Parnai
Sobral
MARANHÃO
Caxias
Crateús
Areia Branca
Macau
RIO GRANDE
DO NORTE
NATAL
Imperatriz
Marabá
Teresina
I L I E N
Campina Grande
PARAIBA
João Pessoa
K.Branco
Carolina
Floriano
Juazeiro do Norte
Caruaru
RECIFE
Paulistana
PERNAMBUCO
Juazeiro
Maceió
Paulo Afonso
ALAGOAS
Pôrto Nacional
Barra
Senhor do Bonfim
SERGIPE
Aracaju
TOCANTINS
B A H I A
A T O
Gurupi
Barreiras
Feira de Sant.
SALVADOR
Carinhanha
Jequié
Diamantino
O S S O
D.F.
BRASILIA
Januária
Vitória da C.
Ilhéus
Itabuna
Cuiabá
Goias
GOIÂNIA
Anápolis
Montes Claros
Araçuai
M I N A S
Teófilo Otoni
Caravelas
Jataí
Pirapora
G E R A I S
Uberlândia
Governador Valadares
ESPIRITO SANTO
Corumbá
A T O   G R O S S O
Uberaba
BELO HORIZONTE
Vitoria
S. José do Rio Prêto
Ribeirão Prêto
Barbacena
Três Lagoas
DO SUL
SÃO PAULO
Juiz de Fora
Campos
Marilia
Bauru
NOVA IGUAÇU
R.D.JANEIRO
K.Frio
Londrina
Niterói
Maringá
CAMPINAS
SÃO PAULO
STO. ANDRÉ
Santos
RIO DE JANEIRO
PARANÁ
Ponta Grossa
Presidente Stroessner
CURITIBA
Paranaguá
Villarrica

11. Wieder in Recife

Jonny, der Taxifahrer – Wolkenbruch und "Flußfahrt" – Die galoppierende Inflation – Wieder in Recife, in Boa Viagem – Die portugiesische Taverne – "Bahia mußt du gesehen haben" – Ich buche 900 Kilometer Busfahrt nach Bahia – Samba und Wahlkampf – Vollmondromantik und keine Zigarre.

Pünktlich um 18.00 Uhr steht Jonny im Hotelfoyer, Hinter ihm, draußen, steht etwas VW-Golf-artiges, sein Taxi. Ich gehe mit ihm raus, lege meine zwei Taschen auf den Rücksitz und nehme vorne auf dem Beifahrersitz Platz. Auch Jonny ist eingestiegen. Er bedient neben mir den Anlasser. Doch statt daß der Motor anspringt, beginnt er erst einmal zu jodeln. Doch Jonny beeindruckt das überhaupt nicht. Eisern hält er den Starter fest und läßt die Batterie gut eine Minute lang weiterorgeln. Leicht unwillig werfe ich einen rügenden Blick zu Jonny. Doch der läßt sich nicht stören, blickt stur auf sein Instrumentenbrett und orgelt weiter. Nur die Lippen bewegen sich dabei in seinem todernsten Gesicht. Es sieht so aus, als würde er stumm beten. Gerade als ich soweit bin, um auszusteigen, tut es einen Buff, dann noch einen, dann zwei, drei, und der Motor springt mit dem letzten Jaulen der sterbenden, gestreßten Batterie tatsächlich noch an und wir fahren los.

Doch auch das Fahren ist bei diesem Auto eine Nervensache. Es ist ein ständige Ruckeln. Ob es dabei an Jonnys Fahrweise oder an der stotternden Benzinzufuhr liegt, ich weiß es nicht. Jedenfalls denke ich bei jedem ruckenden Hopser: "Hoffentlich bleiben wir nicht stehen."

So fahren wir hinein in den Tobsuchtverkehr von Rio.

Vorbei geht es am Zuckerhut. Im dichten Strom des Verkehrs fahren wir entlang der herrlichen Bucht, auf der Avenida, die sich im Kreisbogen hinter dem Zuckerhut und vor der Wolkenkratzerkulisse des Zentrums von Rio zwischen dem schneeweißen Strand und einer breiten, gepflegten Parkanlage schwingt.

Die Fahrt auf dieser breiten Avenida um die kilometerlange fast im Vollkreis geschwungene Buch mit dem sich dabei ständig verändernden Panoramablick ist einfach traumhaft. Immer bleibt dabei, greifbar nahe, der Zuckerhut im Mittelpunkt. Es ist so, wie wenn man als Kameramann mit laufender Kamera, deren Stativ auf einem fahrbaren Untersatz ist, um sein Objekt schwenkt. Durch die sich dabei ständig verändernde Perspektive entsteht ein faszinierendes Panoramabild.

Doch der Genuß dieses Anblickes wäre für mich noch größer, wenn mich nicht dabei Jonnys ständig ruckelnde Fahrweise stören würde, wobei ich immer noch nicht weiß, ob die Ursache am Motor oder an Jonny liegt.

Trotzdem kommen wir auf den autobahnähnlichen Schnellstraßen mit ihren zahlreichen Kreiseln, Ober- und Unterführungen im dichten Straßenverkehr verhältnismäßig gut voran, obwohl Jonny viel dazu beiträgt, die Fahrt zu verzögern.

So beim Spurenwechsel. Immer wenn momentan die andere Spur fährt, während wir stoppen, dann muß er sich unbedingt dort hineinzwängen. Dabei geht er genau so zögerlich vor, wie sein Motor stottert. Hat er es endlich geschafft und ist drinnen in der neuen Spur, dann ist sie zwischenzeitlich auch eine Standspur geworden. Nur muß er jetzt doppelt so lange warten. Dabei kann er es kaum verkraften, zusehen zu müssen, wie sich seine alte, von ihm verlassene Spur zügig in Bewegung gesetzt hat, während er nun steht. So geht also das Spielchen wieder von vorne an. Jonny drängelt sich wieder, vehement stotternd, zurück in die alte Spur, um dann prompt wieder stehen und warten zu dürfen. So kurvt er nervenaufreibend mindestens ein halbes Dutzend Mal hin und her.

Ich lasse ihn gewähren. Ich sage ihm nur immer wieder: “Jonny, lentamente, tenemos tiempo. - Jonny, langsam, wir haben Zeit.” Er sagt darauf immer: “Sim, sim. - Ja, ja”, und drängelt zwei Minuten später schon wieder raus aus seiner vermeintlich langsameren Spur.

Vorne, in Fahrtrichtung, kommt es dunkel auf uns zu. Dicke, schwarze Wolken fegen uns entgegen. Schon haben sie den Corcovado erreicht und hüllen ihn dunkelschwarz ein. Dann bricht es los. Ein Tropengewitter bester Qualität. Mit Blitz und krachendem Donner. Wie unter plötzlich geöffneten Schleusen stürzen Wassermassen vom Himmel. Alles um uns ist rabenschwarz.

Doch noch geht es zügig weiter. Das verändert sich, als in Nullkommanix die Fahrbahnen durch die vom Himmel stürzenden Wassermassen überflutet werden. Spritzend und wogend, wie bei einer Flußüberquerung, geht es nun weiter.

Die ersten auf der Strecke gebliebenen Fahrzeuge, bei denen das Wasser in die Zündanlage gedrungen ist, werden passiert.

Beim Anblick dieser stehenden Vehikel bekreuzigt sich Jonny laufend. Während der Wasserfahrt jammert er nur ständig: “Madonna, oh je, oh je”, und bei jedem seiner Schnaufer kommt ein langes, kläglich gequältes: “Ooohhhjeehh”, tief aus seiner Brust.

Im Inneren denke ich: “Wenn du mir mit deiner schrottreifen Stotterkiste stehen bleibst, erschlage ich dich, Jonny”. Dabei wische ich ihm mit einem trockenen Tuch laufend die beschlagenen Front- und Seitenscheiben frei.

So geht die Fahrt fast im Schritt quälend dahin. Steigt die Fahrbahn an, geht es zwar auch nicht viel zügiger durch die auf die Frontscheibe niederprasselnden Wassermassen, die die Sicht behindern, aber es steigt die Hoffnung durchzukommen und beruhigt ein bißchen.

Neigt sich die Fahrbahn wieder und es geht abwärts in den “Fluß”, kreisen alle Gedanken darum, nicht stehen und liegen zu bleiben.

“Immer langsam durch das Wasser, Jonny!” sage ich ein über das andere Mal. Der nickt nur, denn etwas zu sagen, dazu ist er schon lange nicht mehr fähig. Er stöhnt nur jämmerlich und schlägt beim Anblick liegengebliebener Fahrzeuge seine Kreuze ... und die werden immer mehr.

Längst geht es nur noch im Schritt vorwärts. Endlich kommen wir an die Abzweigung Aeroporto. Während sich die Autoschlange Stoßstange an Stoßstange in einer einzigen Flutwelle zäh vorwärts schiebt, ist die Aeroporto-Abzweigung frei. Sie hebt sich auf Stelzen an und schwingt sich über eine Brücke zur Insel, auf der der Flughafen von Rio liegt.

Jetzt, wo die Fahrbahn nicht mehr überschwemmt ist und sich die Wassermassen zu einem Dauerregen reduziert haben, tritt Jonny, vielleicht mehr aus innerer Befreiung von der vorher durchlittenen Höllenqual, voll aufs Gas.
“Estubide, piense aquaplaning - Bist du verrückt, denke an Aquaplaning”, fauche ich ihm zu.
“Der rauscht mir noch zu guter Letzt schleudernd ans Geländer und ins Meer”, denke ich.

Folgsam geht Jonny sofort vom Gas herunter. Anscheinend hat er das begriffen.
“Wenn er nur vorher so gefahren wäre, als die Fahrbahn noch trocken war und er statt dessen stotternd durch die Gegend fuhr”, sind meine Nachtgedanken.

Jonny ist nicht mehr wiederzuerkennen. Aus dem stöhnenden Häufchen Elend von vorhin ist ein siegreicher Held geworden. Er haut übermütig auf das Lenkrad, singt, streichelt sein Auto, zeigt mir immer wieder lachend den gestreckten rechten Daumen aus der geballten Faust und sagt ein übers andere Mal zu mir : “Bom.”
Ich gönne ihm die Freude und lobe sein Auto, obwohl ich vorher keinen Pfifferling darauf gegeben hätte.

So vergeht in zügiger Fahrt die Restzeit bis zum Aeroporto. Jonny erzählt mir dabei ellenlange Geschichten, die ich gar nich verstehe. Ich unterbreche ihn nicht und sage nur immer: “Bom, bom”, und “sim, sim.” Selbst beim Aussteigen hört er nicht mit dem Erzählen auf. Doch da unterbreche ich ihn, klopfe ihm auf die Schulter, lobe nochmals sein Auto und gebe ihm 100 Cruzados. 20 mehr als vereinbart. “Sollst du haben”, denke ich, “als Entschädigung für das, was du mitgemacht hast”.

Er freut sich über alle Maßen. Am liebsten würde er mir meine Tasche zum Counter tragen. Doch ich wehre ab, gebe ihm die Hand und sage dabei zu ihm: “Sieh lieber zu, daß du wieder gut nach Hause kommst”, denn er muß den ganzen Weg durch die Fluten wieder betend und stöhnend zurückfahren.

Als ich die Flughafenhalle betrete, ist es genau 20 Uhr und 15 Minuten. Über zwei Stunden haben wir durch die Wassermassen des herabstürzenden Wolkenbruches vom Hotel bis hierher gebraucht.

Um 3/4 1 Uhr nachts bin ich hier in Recife angekommen. Wie vorausgesehen, flog die Maschine erst mit einer Stunde Verspätung von Rio ab. Allerdings hat sie auf ihrem Non-Stop-Flug hierher wieder 20 Minuten eingeholt.

In der Zwischenzeit hat die Inflation in Brasilien weiter zugeschlagen. Während ich vor drei Wochen 12 Cruzados für die Taxifahrt vom Flughafen bis zum Hotel zahlen mußte, sind es jetzt 16. Ebenso steht es mit den Hotelpreisen. Vor drei Wochen waren es 180 Cruzados minus Air-Crew-Rabatt. Jetzt sind es 252 minus Rabatt, die ich für die Übernachtung zu zahlen habe. Allerdings ist auch der Umrechnungskurs für den Dollar und die DM gestiegen, und zwar von 4,60 n.Czds auf 6,20 n.Czds für eine DM.

Ich habe wieder ein Appartement im 10. Stock des Hotels “Boa Viagem”. Jetzt, da man so lange im Inneren Brasiliens herumgereist ist, ist der Anblick des Südatlantiks mit seinen sich unmittelbar vor dem Hotel am Strand brechenden Wellen aus der Vogelperspektive des 10. Stockes schon etwas

Herrliches. Zur Zeit ist Vollmond und der Südatlantik glänzt in seinem Licht flaschengrün.

Heute habe ich ein phantastisches Restaurant entdeckt. Es liegt einige Querstraßen hinter der Küstenstraße und einem stinkenden Kanal, unmittelbar neben einem chinesischen Restaurant. Die Umgebung selbst ist alles andere als einladend. Zerfallene Häuser, überwucherte und verkommene Gehsteige.

Angezogen hat mich eigentlich nur die grelle Beleuchtung des chinesischen Restaurants, das nachts aus der verwahrlosten Gegend herausblinkt. Es liegt nur ein paar Schritte abseits einer belebten Hauptstraße. Ich habe es regelrecht entdeckt. Gleich neben dem chinesischen Restaurant, etwas zurückgesetzt. Es ist ein großes schmuckloses, rechteckiges, zweistöckiges Gebäude im altportugiesischen Stil mit altem Ziegeldach. Es steht mit seiner schmalen Fassadenfront zur Straße und hat offene, große Holzfensterläden, die nach innen geöffnet sind. Davor stehen zwei Palmen mit einem quergehängten geschnitzten Holzschild "Restaurant bei Carlos".

Vom verrotteten Gehsteig führen einige Stufen durch einen schmalen Vorgarten zur hohen Eingangstür. Ich gehe diese Art von Brückentreppe hinauf und kann durch die offene Tür und den je zwei offenen Fensterläden links und rechts der Tür ins Innere schauen.

Was ich da sehe, läßt mein Herz höher schlagen. Das Innere des Hauses ist eine einzige große Halle mit dunkelbraunen rauchgebeizten Wänden. Von unten kann man hinauf ins ebenso verräucherte Dachgebälk und auf die braunrote Unterseite der alten Ziegel sehen. Die hintere Innenseite der "Halle" ziert eine wuchtige dunkelschwarze, massige, uralte Eichentheke. Die vom Alter gebeizten dunkelgrauen Wände sind mit alten Bilden und kolonialbäuerlichen Utensilien behängt. Während der Boden mit alten portugiesischen weiß-blau gemusterten Keramikkacheln belegt ist, sind die daraufstehenden Tische und Stühle aus uraltem, fast schwarzem, klobigem, derb behauenem Holz.

All' diese Holzklobentische sind mit Tongeschirr auf ledernen Untersatzdeckchen und weißen Stoffservietten gedeckt. Auf den Tischen stehen je nach deren Größe eine oder mehrere brennende Kerzen in tönernen Kerzenständern.

Nur hinten an der großen Eichentheke sind große, alte Lampen. Ebenfalls je eine links und rechts des Eingangs, neben bauchigen Weinballons auf zwei alten Tischen stehend. Ansonsten brennen nur Kerzen und versetzen das Ganze in eine halbdunkle, überaus romantisch-gemütliche Atmosphäre.

Ich gehe durch die "Halle" zur Theke und lasse mir die Speisekarte geben. Sie ist aus Leder und auf altem, zerfransten Büttenpapier geschrieben. Sie besteht aus mehreren Seiten und erscheint so alt wie das Haus.

Mit dem Lederband der Speisekarte unter dem Arm nehme ich an einem kleineren der klobigen Tische, seitlich im Rücken ein offenes Fenster, durch das die warme Luft durchstreichen kann, Platz.

Es ist erst 20 Uhr. Also noch etwas früh für brasilianische Verhältnisse, so daß ich bis jetzt der einzige Gast bin. Ich lasse mir noch die Weinkarte zum Studium bringen. Sie ist in einem ebensolchen abgegriffenen Lederband wie die Speisekarte. Mit ihr stellt sich ein etwa 25jähriger junger, blonder Mann in Jeans und dunkelblau gemustertem T-Shirt vor. Erst denke ich: "Typ junger Engländer." Doch er ist Spanier, der Chef dieses urigen Restaurants.

Er erzählt mir, halb spanisch, halb englisch, daß sein Vater vor ungefähr fünf Monaten plötzlich an Herzschlag verstorben sei und er jetzt dieses Restaurant mit seiner Mutter alleine weiterführt. - Später stellt sich heraus, daß sein Vater nicht an Herzschlag verstarb, sondern bei einer bewaffneten Mafioso-Auseinandersetzung, hier in seinem Restaurant erschossen wurde.

Ich lasse mich von ihm beraten und bestelle ein Filetsteak Lissaboner Art. Als Tapas oder Vorspeise gibt es zu Brot und Butter marinierte, mit Joghurt versetzte Zwiebeln. Das Filetsteak ist ein Gedicht und zergeht -

innen zart rosa - förmlich auf der Zunge. Dazu wird ein Einmachglas mit Kirschen auf den Tisch gestellt. Ich glaubte wenigstens, daß es Kirschen seien. Bis ich eines Besseren belehrt wurde. Es sind kleine eingelegte, rote Paprikaknospen, die wie Kirschen aussehen und so scharf sind, daß man glaubt, man würde Feuer schlucken. Ich habe es sehr schnell gemerkt, als ich mir zwei der vermeintlichen Kirschen in den Mund stopfte.

Als Nachtisch serviert man mir gebackenen Käse in einer Art Sirup. Dazu eine Flasche Forestier Riesling und mit einer aufgesparten Zigarre als Abschluß, genieße ich das Ganze in der flackernden, schummrigen, weichen Kerzenlichtatmosphäre. Mit mir und der Welt zufrieden, verlasse ich zweieinhalb Stunden später die gastlich-gemütliche Stättc.

Wie immer, habe ich den reichlichen Rest meines Essens in eine Folienschüssel einpacken lassen, um sie einem Hungrigen draußen schenken zu können. Die mußte ich auch nicht weit tragen. Schon gleich neben dem Eingang rief mich eine Stimme aus dem Dunkel an. Ein junger Brasilero hatte die Folienschüssel gesehen und kam aus einem Papp- und Bretterunterschlupf, den er sich unter einem Baum hergerichtet hat, gekrochen. Ihm gebe ich die Folienschüssel mit dem noch warmen Essen.

“Salvador” oder wie es früher hieß, “Bahia, mußt du gesehen haben”, sagt der Wirt der offenen Garagenkneipe, in der ich immer am Nachmittag ein eiskaltes Bier trinke, zu mir.

Er nennt sich Carlos und ist Deutscher aus Hamburg. Ein langer, hagerer Typ mit langen Haaren, magenkrankem Gesicht und dunkler Hornbrille. Bei ihm verkehren viele Deutsche. Carlos ist ein hilfsbereiter und gutmütiger Zeitgenosse. Er hilft seinen Landsleuten, so gut er kann.

“Bahia war die erste Hauptstadt von Brasilien und ist in seiner Altstadt noch ganz im alten portugiesischen Kolonialstil gebaut”, erklärt er mir weiter. “Das mußt du dir ansehen”, wiederholt er.
“Die Stadt besteht aus einer Ober- und einer Unterstadt, die mit einem 70 Meter hochführenden Fahrstuhl verbunden ist.”

“Ich weiß, ich weiß”, sage ich. “Die wollte ich schon von Rio aus besuchen. Aber durch den Direktflug von Rio hierher nach Recife ist sie sozusagen auf der Strecke geblieben.”

Trotzdem läßt es mir keine Ruhe. Bahia, das jetzt Salvador heißt und von dem ich schon soviel gehört habe, muß ich sehen. Heute ist Samstag, und erst am nächsten Samstag geht meine Maschine nach Deutschland. Da habe ich noch eine ganze volle Woche vor mir.

Gedacht, getan. Von Recife bis Bahia sind es keine 1.000 Kilometer. Eine relativ kurze Strecke in diesem Land. Ich werde mit dem Bus fahren. Der fährt am späten Nachmittag ab und ist gegen Mittag des nächsten Tages dort. Also ab zum Rodoviaria, ein Ticket kaufen.

Das Rodoviaria, die Omnibusabfahrtszentrale von Recife, liegt unheimlich weit draußen. Ich fahre für 2 Cruzados 1 1/4 Stunden mit dem Bus bis dorthin. Das Rodoviaria ist wie ein Flughafengebäude und nagelneu. An den überdachten Gates, die man vom ersten Stock aus erreichen kann, stehen unten die Busse, die nach allen Richtungen und Städten Brasiliens fahren. Über eine Art Verbindungsbrücke, die an der Frontseite über alle Gates führt, steigt man jeweils über eine Treppe zu den einzelnen Abfahrtsteigen der Busse.

“Einmal Recife - Salvador, Abfahrt Montag”, mache ich dem Beamten am Streckenschalter auf portugiesisch klar.
Der schreibt umständlich einen Fahrschein aus.
“Welche Klasse, Senhor?” fragt der dazwischen.
“1. Klasse, bitte.”
“Sim, Senhor. Das macht 149 Cruzados.”
Ich schiebe ihm zwei Hundertcruzadoscheine durch die ausgesparte Schalterschale und erhalte mit dem Wechselgeld den Fahrschein.
“Abfahrt 18.15 Uhr, Senhor. Gate 1”, sagt er dabei. Ich sage: “Obrigado, Senhor”, und nehme Fahrschein und Wechselgeld in Empfang.

Vorsorglich schaue ich nach, wo Gate 1, das auch auf dem Ticket vermerkt ist, liegt. Dabei muß ich feststellen, daß das Ticket auf den 14., also auf Dienstag und nicht auf Montag, den 13. ausgestellt ist. Ich rechne kurz nach. Also Dienstag Nacht. Mittwoch übernachten in Salvador. Donnerstag wieder zurück. Bin ich also freitags wieder da. Samstag nachmittags geht erst meine Maschine nach Europa. Habe ich noch eine Übernachtung in Recife dazwischen. Paßt. Also Abfahrt erst Dienstag.

Heute am Sonntag, da ist hier am Strand der Teufel los. Dazu kommt, daß heute der letzte Sonntag vor der Präsidentschaftswahl ist. Die findet hier mitten in der Woche, am 15. November statt.

Wie immer sonntags, dröhnen schon in aller Herrgottsfrühe die Lautsprecherwagen die Strandpromenade entlang, bestückt mit bis zu 16 nach allen Seiten Sambarhythmen donnernden Lautsprechern. Da ich zwar im 10. Stock, aber zur Uferpromenade am Südatlantik wohne, bekomme ich alles voll mit.

Nur die Uferstraße trennt das Hotel mit meinem Appartement vom Strand. Bei Flut schlagen die Atlantikwellen bis zur Mauer der zum Strand hin eingefaßten Uferpromenade bis knapp 30 Meter vor das Hotel.

Der Ausblick von meinem Hochsitz auf den Strand und den unter südlicher Sonne im Schatten der Wolkenspiele in allen Grün- und Blautönen flimmernden und schillernden Südatlantik ist einmalig.

Heute geht es besonders laut und bunt auf der Uferpromenade zu. Die Präsidentschaftskandidaten - 24 Stück an der Zahl - die alle am Mittwoch in einer Direktwahl für das Amt des Staatspräsidenten kandidieren, haben alle ihre Anhänger zur letzten Schlacht mobilisiert und zu lautstarken sambadröhnenden Wahlumzügen aufgerufen.

Das bedeutet: Noch mehr Krach durch zusätzliche Lautsprecher und Sambawagen bis zu Omnibusgröße. Singen und skandierendes Fähnchenschwingen der jeweiligen Anhänger. Umzüge mit Sambakapellen und ohrenbetäubendes Hupkonzert. Veranstaltet jeweils von den Anhängern der einzelnen Kandidaten - und auch manchmal von mehreren zugleich, wenn die Samba-Wahlumzüge zufällig in den Straßenzügen zusammentreffen - die da heißen: Afifi-Briziola-Lulu-Freiero-Maluf-Col or usw. usw.

Da kann es passieren, daß die Anhänger eines Afifi begeistert und wild mit ihren Transparenten und Parteifahnen schwenken, wenn die Luluanhänger mit ihren Sambawagen vorbeifahren und zündende Samabrhythmen dröhnen lassen. Man hat den Eindruck: Egal wer Krach macht, das Volk tanzt zu allem, Hauptsache es ist laut und es ist Sambamusik.

Ansonsten ist es dasselbe wie bei uns. Wer den meisten Krach macht, der wird gewählt. Hinzu kommt, daß die Kandidaten größtenteils überhaupt nicht von Parteien aufgebaut sind oder aus diesen hervorgehen, sondern beim Wahlausschuß selbst gemeldete Kandidaten sind, die auch alles - außer Rundfunk und Fernsehzeiten - selbst bezahlen müssen. Sie werden mehr von Lobby- und Finanzinteressen getragen.

Ich sitze hier vor Carlos Garage und trinke mein Bier. Blicke ich über den zerbröselten betonierten Vorplatz zur Straße und um mich herum, hier ist alles heruntergekommen und zerfallen. Einen Steinwurf weiter, im Hintergrund, werden häßliche und schmucklose Hochhäuser errichtet. Sie wirken wie halbverfaulte Stockzähne und verkleistern die Aussicht. Nur die Apathie erzeugende Hitze der vom wolkenlosen Himmel brennenden Sonne mit ihren 26 Grad im Schatten läßt den Anblick erträglich erscheinen.

Ich glaube, kurz nach der Jahrhundertwende ist die Baukunst, die die umgebende Natur noch fühlend beim Bauen von Häusern mit einschloß, untergegangen. Das, was danach im sogenannten technischen Zeitalter als Bauen produziert wurde, dient nur dem nüchternen Zweck und bestraft, einmal erbaut, mit seinem seelenlosen Anblick den Menschen auf Generationen. Wie schön dagegen sind selbst noch die schon halbzerfallenen Häuser hier aus der Kolonialzeit.

Doch dieser Zerfall der Baukunst betrifft die ganze Welt und zeigt dabei deutlich den Niedergang der menschlichen Kultur, die auf diesem Gebiet von rein nüchterner seelenloser Technisierung abgelöst wurde.

Gestern war ich hier in der Nähe in einem chinesischen Restaurant. Die Gerichte der Chinesen sind in ihren Restaurants in der ganzen Welt zuverlässig gleich.

Ich habe geröstete Schweinefleischbällchen süß-sauer bestellt. Dazu eine Flasche brasilianischen Weißwein. Johannesberg secco.

Das, was mir dann als Essen aufgetragen wurde, hätte eine vierköpfige Familie vollauf satt gemacht. Außerdem war es ausgezeichnet. Den Rest - dreiviertel davon - habe ich wieder in eine Folienschüssel einpacken lassen und damit draußen einen schwarzen Brasilianer satt und glücklich gemacht. Um 23 Uhr war ich in meinem Hotel und habe mich noch auf meine Terrasse im 10. Stock gesetzt. Aus meinem Eisschrank habe ich mir die letzte Flasche brasilianischen Weißwein geholt und träumend das Schattenspiel der Wolken unter dem leuchtenden Vollmond auf dem Südatlantik und das immerwährende Anschlagen der Wellen an den Strand beobachtet. Meine Gedanken in dieser blauen Stunde gehen über den Südatlantik ostwärts nach Deutschland.

Das einzige, was ich in diesem besinnlichen Augenblick vermisse, ist eine Zigarre. Längst habe ich die letzte aus Deutschland importierte geraucht. Hier in Recife, im Lande des Brasiltabaks, kostet die billigste Zigarre 31 Cruzados das Stück. Das sind über 5 DM ... und darauf kann ich verzichten.

Fische

Über 2.000 Fischarten, die im Amazonas leben, sind bekannt. 3.000 schätzt man, sollen es insgesamt sein. Nur um Manaus herum gibt es 700 verschiedene Fischarten.

In sämtlichen Flüssen Europas zusammengenommen gibt es knapp 200.
auch der einzigste wirkliche fliegende Fisch der Welt lebt im Amazonas. Es ist der Beilbauchfisch. Anders als die sogenannten fliegenden Fische der Ozeane, die mit verlängerten Brustflossen, die sie abspreizen können und die für kurze Zeit unkontrolliert über die Wasseroberfläche flattern, hat der Beilbauchfisch Brustflossen, die er wie Flügel kontrolliert bewegen kann. Damit ist er in der Lage wirklich über das Wasser mit Richtungsänderung längere Strecken zu fliegen.

So rettet er sich vor seinen vielen Feinden, die ihn im Wasser verfolgen.
Neben den Piranhas, die mit ihrem rasiermesserscharfen, nach innen gerichteten Gebiss in der Lage sind Fleischstücke aus den Körpern ihrer Opfer, die sie im Schwarm angreifen, zu reißen, sind besonders die winzigen Candirofische, die im Amazonas leben, neben den Tieren auch den im Amazonas nacktbadenden Menschen gefährlich. Wird beim Baden uriniert, folgt der winzige Fisch dem Harnstrahl und setzt sich in der Harnröhre fest. Von dort kann er nur noch operativ entfernt werden.

Äußerst gefährlich ist auch der Stachelrochen, der Pez-Raya. Er verbirgt sich im sandigen Flussgrund. Tritt man darauf, dann schnellt sein langer Stachelschwanz hoch. Er ist so scharf, dass er dabei jeden Lederstiefel, ja sogar Knochen durchzuschlagen vermag. Seine Schleimhaut enthält ein gefährliches Nervengift, das Hautgewebe zersetzt. Eine durch den messerscharfen Pez-Raya-Stachel entstandene Beinverletzung ist äußerst schmerzhaft und kann viele Jahre bis zur Heilung dauern.

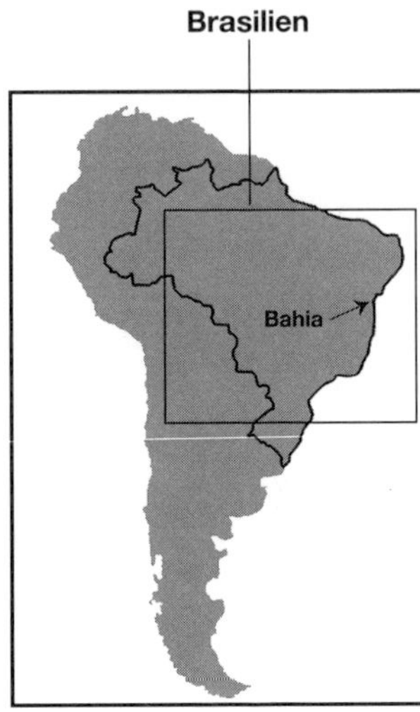
Brasilien
Bahia

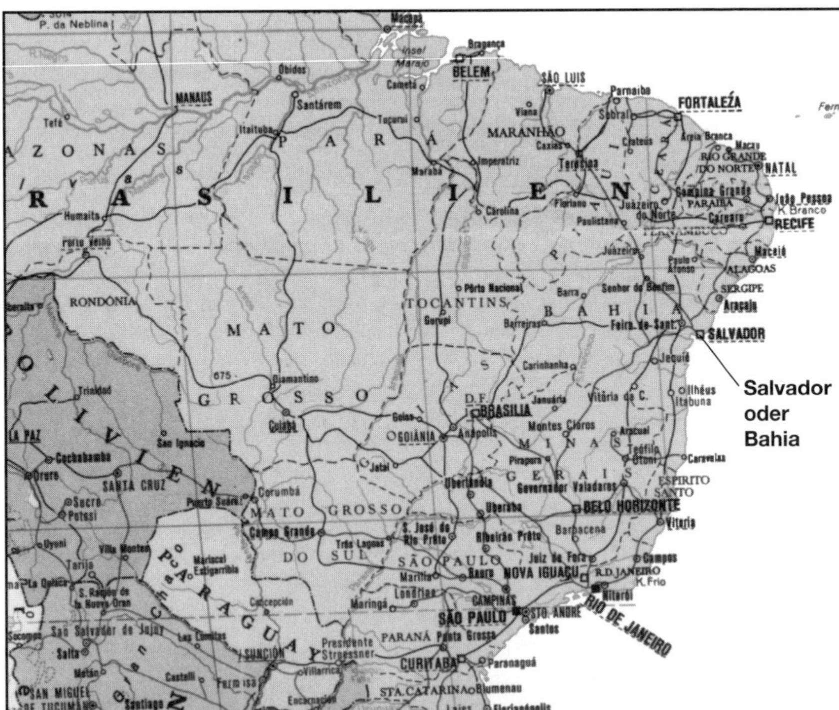
B R A S I L I E N
MANAUS
BELEM
SÃO LUIS
FORTALEZA
NATAL
RECIFE
Maceió
Aracaju
SALVADOR
Salvador
oder
Bahia
MARANHÃO
TOCANTINS
B A H I A
M A T O
G R O S S O
MATO GROSSO
DO SUL
RONDÔNIA
BRASILIA
GOIÂNIA
M I N A S
G E R A I S
BELO HORIZONTE
Vitória
ESPIRITO SANTO
SÃO PAULO
NOVA IGUAÇU
R.D.JANEIRO
RIO DE JANEIRO
PARANÁ
CURITIBA
STA.CATARINA
Florianópolis
PARAGUAY
Santarém
Teresina
Cuiabá
Corumbá
Campo Grande
Feira de Sant.
Ilhéus
Montes Claros
Uberlândia
Uberaba
Ribeirão Prêto
Londrina
Campinas
Santos
Niterói

12. Einmal Bahia hin und zurück

Ich schwebe mit dem "Leito" 900 Kilometer nach Bahia – Endlich billige Zigarren in Brasilien – Durch die Slums von Bahia/Salvador – Das verkommene "Erbe der Menschheit" – Mit Vollgas mit dem Bus durch Recife – Wieder auf Carlos zerbröselter Terrasse.

Um von hier zur Rodoviaria, dem Omnibusbahnhof von Recife zu kommen, macht man was mit. Sie liegt weit draußen vor der Stadt. Erst muß man einmal an der Haltestelle warten. Dort steht man am Rande der Straße auf einem verworfenen Gehsteig in der Gluthitze ohne irgendeinen Sonnenschutz und hält nach den zahlreich einpendelnden Bussen Ausschau, ob endlich der richtige kommt. Doch der ist natürlich nie dabei. Exakt eine Stunde und fünf Minuten hat es gedauert, bis der Linienbus TIP-BOA VIAGEM, der zur Rodoviaria fährt, ankam. Dafür habe ich einen Sitzplatz erwischt und zahle ganze 36 Pfennige für die Strecke, die gut und gerne 40 Kilometer beträgt, bei einer Stunde und zwanzig Minuten Fahrzeit.

Glücklich habe ich die Strecke über das Kopfsteinpflaster von Recife und seinen Vororten mit Dutzenden von Haltestellen überstanden. Jetzt sitze ich im Restaurant der Rodoviaria und kühle mich erst einmal bei einem eiskalten Bier ab. Es ist 17.00 Uhr. In ein und einer halben Stunde geht mein Bus nach Bahia / Salvador. Ich habe also Zeit.

Um 18.10 Uhr mache ich mich die paar Meter zum Gate 1 auf den Weg. Vor zehn Minuten hat noch die Sonne heiß vom Himmel gebrannt. Vor ein paar Minuten ist sie untergegangen und nun ist es bereits stockdunkel.

Pünktlich, das heißt genau mit 20 Sekunden Verspätung, fährt der Bus nach Bahia von Gate 1 um 18.30 Uhr und 20 Sekunden ab. Wenn nur die Fluglinien hier genauso pünktlich wären.

Ich sitze in einem Traumbus, dem LEITO und fahre in die Nacht hinein, dem 900 Kilometer entfernten Bahia, dem jetzigen Salvador, entgegen.

Der LEITO ist ein nagelneuer Mercedes-Fernreisebus, der extra für die Nachtreise-Langstrecken Brasiliens entwickelt wurde. Er ist ein reiner Schlafwagenbus. Bis jetzt bin ich in meinem immerhin langen und erlebnisreichen Leben noch niemals in einem Bus mit solch einem Komfort gefahren.

Im LEITO gibt es nur drei Plätze pro Reihe und die sind dazu noch versetzt. Jeder Sitz kann voll zu einem bequemen Bett zurückgeklappt werden, wobei eine Klappe am jeweiligen Vordersitz als Verlängerung dient. Auf jedem dieser Komfortschlafsesseln liegt hygienisch in einer Folie verschweißt weißes Bettzeug, ein Kopfkissen und eine Schlafdecke.

Der ganze Bus ist vollklimatisiert und wie ein großer Schlafwagen von der Fahrerkabine getrennt. Er kann von da aus durch eine große Glastür betreten werden. Der Bus selbst ist ein Dreiachser und so gedämpft, daß man nur das Surren der Klimaanlage als lautestes Geräusch hört.

So schwebe ich von Recife nach Bahia auf den Straßen Brasiliens durch die Nacht und bin auch bald sanft eingeschlafen. Mein letzter Blick gilt der rotlichtgedämpften Digitalanzeige an der Stirnseite, die die Uhrzeit und die Innentemperatur anzeigt. Es sind 18 Grad. Für das Ganze, Komfort und Strecke, habe ich umgerechnet 27 DM berappt.

Nach wunderbarem Schlaf im schwebenden LEITO wache ich auf. Es ist 6.00 Uhr. Ich schiebe die dunklen Vorhänge zurück. Draußen, hinter den getönten Scheiben ist es hell, und wir flüstern mit unserem Bus durch

Charakteristische Fisch- und Muschelverkäufer in Bahia

eine gras- und baumbestandene Landschaft mit grünen, wannenartigen Tälern. Um 10.20 Uhr erreichen wir das Rodoviaria von Bahia / Salvador.

Salvador ist die Hauptstadt des Bundesstaates Bahia. Bahia oder Salvador liegt auf einer Halbinsel und hat inzwischen fast eine Million Einwohner. Sie wurde 1549 von den Portugiesen gegründet und war bis 1763 die Hauptstadt Brasiliens. Gleichzeitig war sie auch der Mittelpunkt des Sklavenhandels. Von hier aus wurden im Mittelalter die von den Portugiesen angelegten Plantagen versorgt. Daher ist Salvador heute zum größten Teil von Schwarzen und Mischlingen bewohnt.

Um 10.20 Uhr rollt der LEITO in das Rodoviaria von Salvador. Es ist wie all die anderen auch, ein flughafenähnlicher Betonbau, in dessen menschenquirlenden drei Ebenen sich Warteräume, Schalter, Imbißstätten, Restaurants und Läden aller Art befinden.

Als erstes gehe ich die Rolltreppe hinauf in den nach außen offenen 1. Stock, wo sich u.a. auch die Fahrkartenschalter der einzelnen Linien befinden. Sie sind numeriert und zeigen die Städte an, zu denen die jeweiligen Busse fahren. Ich zähle 71 Schalter, bis ich endlich den mit der Aufschrift RECIFE in dem hier herrschenden Menschengewimmel ausfindig machen kann.

Für das Rückfahrtticket "PRIMERO", also 1. Klasse, zahle ich 11,50 DM. Mit der sicheren Rückfahrkarte für morgen abend in der Tasche, wühle ich mich wieder durch den Strom der dunkelhäutigen Menschen. Hinunter in die Ladenstraßen im Parterre.

An einem Laden mit der Aufschrift CHARRUSOS - Zigarren -, bleibt mein Blick hängen. Ich kann es fast nicht glauben, daß es in Brasilien Zigarren gibt. Neugierig gehe ich in den Laden. Als Zigarrenraucher seit Tagen ohne Zigarren, keimt in mir die zarte Hoffnung, daß ich eventuell hier in Bahia, dem Zentrum des Brasiltabakanbaues, Zigarren zu einem annehmbaren Preis kaufen kann. Auf das, was ich bisher oft nach langem Suchen, an Zigarren hier in Brasilien entdecken konnte, habe ich verzich-

Die Feuerwehr von Bahia (Bombeiros) rückt ins Quartier ein.

Typische Straße in der oberen Stadt

tet. Sie waren mir einfach zu teuer. Mein mir selbstgestelltes Preislimit waren umgerechnet DM 2,00 pro Stück ... und das ist schon ein horrender Preis. Ist man einmal fündig geworden, dann kostete das Stück ab umgerechnet DM 5,00 aufwärts. Das war mir, bei allem Genußverzicht, dann doch zuviel.

“Quando custa?” frage ich und deute auf die einzige Sorte fingerlanger Zigarren in der Auslage.

“Om Cruzado”, ist die Antwort der dunkelhäutigen, jungen Verkäuferin. “Einen Cruzado”, denke ich, “das ist erstaunlich billig, auch wenn sie äußerst klein sind.” Schnell überschlage ich. Heute ist Mittwoch. Donnerstag und Freitag bist du noch in Brasilien. Samstag fliegst du ab, da kannst du in der Maschine sowieso keine Zigarren rauchen. Also müßten - mit Nachbedarf - 15 Stück reichen.
“Dez cinco”, sage ich laut und 15 Stück werden mir eingepackt. Als erstes gehe ich in eines der Restaurants, bestelle mir eine große Flasche eiskaltes Bier und zünde mir eine von den kleinen, aber guten Bahiazigarren an.

Die Altstadt von Bahia besteht eigentlich aus zwei Stadtteilen. Der Cidade Baixa, der unteren Stadt und der Cidade Alta, der oberen Stadt. Sie sind durch mehrere Serpentinenstraßen und mit dem Elevador Lacerda, einem 70 Meter hochgehenden Personenfahrstuhl miteinander verbunden.

An einem Busschalter frage ich nach dem Weg zum Elevador. Erst langes gegenseitiges Fragen hinter dem Schalter. Dann schreibt man einen Zettel und schiebt ihn mir durch den Schalter.
Omnibuslinie R-1, steht darauf.
Ich sage “obrigado” und marschiere aus dem Rodoviaria hinaus, zu der Stadtomnibushaltestelle davor.

Dort renne ich mit dem Zettel durch die Gegend und halte jedem die “R-1” unter die Nase und sage nur: “Elevador Lazerda.”
Einer der Schwarzen saust mit mir durch den ganzen Bahnhof und setzt mich in den richtigen Bus, wobei er dem Fahrer sagt, wo ich hin will. Der Fahrer nickt und mit ihm nicken alle schwarzen Fahrgäste, die es gehört haben. Mit einem “obrigado” bedanke ich mich und steige ein. Schon setzt sich der Bus in Bewegung und fährt mich Richtung Altstadt.

Bald erreichen wir den Hafen und fahren auf der Hafenstraße an den großen Schiffen entlang. Als der Elevador, der zur oberen Stadt führt, vorne auftaucht, macht mich der ganze Bus darauf aufmerksam. Der Fahrer hält, und ich werde von ihm und den ganzen Fahrgästen mit allen guten Wünschen verabschiedet, bevor er weiterfährt.

Heute ist der 15. November. Es ist der Nationalfeiertag von Brasilien. Außerdem ist heute Präsidentschaftswahl. Alle Geschäfte und Restaurants sind aus diesem Grund heute geschlossen. Die Straßen sind wie leergefegt. Nur vor dem Elevador Lazerda, auf der Hafenstraße, sind Menschen, denn da ist Fischmarkt. Vom Zwei-Meter-Fisch bis zu Hummer und Krabben wird so ziemlich alles angeboten, was im Meer zu fangen ist.

Für 5 Pfennige fahre ich im Elevador die 70 Meter zur oberen Stadt hinauf. Hier, von oben, hat man einen wunderschönen Überblick über den Hafen und auf das Fort Sao Marcelo, das wie eine Insel im Hafen liegt.

Die Häuser der gesamten Altstadt sind im portugiesischen Kolonialstil erbaut, ebenso wie der prächtige Palacio Rio Branco und Palacio Municipal.

Die UNESCO hat die alten Stadtviertel hier zum "Erbe der Menschheit" erklärt. Trotzdem ist alles heruntergekommen und zerfallen. Es sind praktisch Slums geworden, die man als "Schande der Menschheit" bezeichnen muß.

Seitenstraßen kann man angesichts des Unrates, der vor den zerfallenen Häusern liegt und der Kloake, die zum Teil offen durch die verwahrlosten Straßen fließt, kaum betreten. Verstärkt wird das Bild des grauenhaften Zerfalls dadurch, daß durch den Feiertag heute fast keine Menschen auf der Straße sind.

Ich gehe einige Kilometer durch die Straßen. Überall das gleiche trostlose Bild der Verrottung. Dieser Anblick des völligen Verfalles und der Verwahrlosung einer ganzen einst blühenden Stadt, der alten jahrhundertelangen Hauptstadt Brasiliens, ohne Einwirkung durch Krieg oder Erdbeben, hat mir den Rest gegeben. Das ist für mich einfach unfaßbar. Ich beschließe, statt morgen schon heute wieder die rund 1.000 Kilometer, die ich hergekommen bin, um Bahia, das ehemalige Herz von Brasilien zu sehen, nach Recife zurückzufahren.

Bahia, die Stadt, die im Verzeichnis des Welt-Kultur-Erbes verzeichnet ist, halb zerfallen auf zwei Ebenen gelegen (hier die obere Stadt)

Bereits um 15 Uhr bin ich wieder im außerhalb liegenden Rodoviaria von Bahia. Dort kann ich auch ohne Schwierigkeiten mein Ticket gegen eines mit Abfahrt heute umtauschen.

Während ich im Bus durch die Nacht zurück nach Recife fahre, geht mir das heute Erlebte und Gesehene nicht aus dem Kopf.

Warum läßt der Staat Brasilien sein einstiges historisches Kernstück bei der Geburt dieses Landes, seine im Kolonialstil des 16., 17. und 18. Jahrhunderts erbaute damalige Hauptstadt, trotz zugesagter finanzieller Unterstützung der UNESCO so zerfallen und verkommen?
Wie hat Carlos gesagt?
"Salvador, das frühere Bahia, mußt du dir unbedingt ansehen."
Damit hat er recht.
Bahia und was aus ihr geworden ist, muß man sich unbedingt ansehen.

Hier, in dem gegenüber des LEITO nicht so komfortablen Bus, merkt man erst, wie schlecht die Straßen Brasiliens sind. Rüttelnd und rumpelnd, große Schlaglöcher im Schritt durchfahrend, geht es durch die Nacht.

Dreimal, alle viereinhalb Stunden, halten wir unterwegs an einer Rodoviaria. Dort wird meist auch gleichzeitig aus den großen Unterflurgepäckräumen des Omnibusses mitgeführte Kleinfracht ausgeladen. Ebenso werden dort die Fahrer gewechselt.

Die letzte Rodoviaria auf der 900-Kilometerstrecke erreichen wir gegen 6.00 Uhr früh. Von da fahren wir die letzten 200 Kilometer unter jetzt schon sengender Sonne weiter durch eine grüne Hügellandschaft mit unendlichen Zuckerrohrfeldern. Zum Teil ist die Zuckerrohrernte voll im Gange. Laufend überholen wir die großen Laster, die hoch aufgetürmt Zuckerrohr transportieren.

Der Verkehr auf diesen Überlandstraßen ist aufgrund der Weite des Landes verhältnismäßig gering. Fast ausschließlich sind es Laster und Busse, denen man unterwegs begegnet. Oft fährt man eine dreiviertel Stunde und mehr, bevor man einem Fahrzeug begegnet.

Die untere Stadt

Vereinzelt sieht man in den Hügeln links und rechts der Straße große Haziendas, zu denen befestigte Wege von der Überlandstraße abzweigen. Hier sind auch Gauchos zu Pferd anzutreffen.

Flüsse werden überquert, und die grüne Landschaft verliert sich in ein hügeliges Einerlei. Schlagartig nimmt der Verkehr bei Erreichung der weitläufigen Vorstädte zu und ebenso schlagartig nimmt er bei deren verlassen wieder ab. Danach fährt man wieder einsam durch das unendliche Land.

Gegen 10.30 Uhr erreichen wir das fast 40 Kilometer vor dem Zentrum der Stadt liegende Rodoviaria von Recife. Dort, vor der Rodoviaria, steht schon unter dem Dach des Lokalbusbahnhofes mein Bus TIP-BOA VIAGEM. Ich habe also sofort Anschluß und muß diesmal keine Sekunde warten.

Kaum bin ich eingestiegen und habe meine 2 Cruzados bezahlt, da rauscht der Bus auch schon ab. Bald sollte ich merken, daß ich diesmal dem schnellsten und verwegensten Linienbusfahrer von Recife in die Hände gefallen bin. Mit vollem Tempo und einer fahrerischen Gewandtheit, die den Routinier verrät, steuert er den schweren Bus auf den schmalen, kopfsteingepflasterten, engen, kurvenreichen Straßen, die laufend rechtwinkelige Haken schlagen, über steile Ab- und Auffahrten durch den Verkehr. Man spürt, daß ein Profi am Steuer sitzt, der seinen Bus über die Seitenspiegel bis zum letzten Millimeter der hinteren Stoßstange kennt und beherrscht.

So rauschen wir, die Haltestellen in Sekundenschnelle bedienend und in den Zwischenstrecken rasant aufdrehend, schlängelnd durch den Verkehr. Der ist zwar bei weitem nicht so dicht wie in unseren Breiten. Dafür sind aber die, die hier fahren, alle verhinderte Rennfahrer.

Es ist eine Busfahrt auf brasilianisch. Trotz der Rasanz wirkt die Fahrerei des Bus-Capitáns elegant sicher, so daß man als Fahrgast ohne Angst spannend beteiligt ist. Als ich an meiner Endhaltestelle in Boa Viagem aussteige, hat mir jedenfalls der Bus-Capitán bewiesen, daß man eine Stadtbusfahrstrecke in Recife von 1 1/2 Stunden Fahrzeit auch in 45 Minuten bewältigen kann.

Trotz 29-stündiger Hin- und Rückfahrt zu und von Bahia, bin ich aufgrund der Busrallye durch die Stadt hellwach.

Als erstes gehe ich zu Carlos und setze mich auf seine zerbröselte Betonplattenterrasse vor seiner Imbißgarage an der Straße. Neue Deutsche sind angekommen. Tips werden ausgetauscht. Zum eiskalten Bier esse ich Rühreier mit Speck. Dazu Tomatensalat mit Paprika und Zwiebeln. Es ist mein erstes Essen heute.

Um 14.00 Uhr bin ich in meinem Appartement und mache erschöpft Siesta, nachdem ich zwei anstrengende Nonstop-Tage hinter mich gebracht habe.

Auch die Stärkungen sind wichtig, um weitere Strapazen bestehen zu können.

Hier sind es fangfrisch-gegrillte Langustinos mit in einer Garküche würzig zubereitetem Reisgericht.

13. Die doppelte Stadtrundfahrt

Recife, das brasilianische Venedig – "Sim, sim", die unendliche Unterhaltung – "Ich will läwe", sagt Günther – Letzte Wäsche in Brasilien.

Kurz vor 20.00 Uhr tauche ich wieder bei Carlos auf. Dort habe ich mich mit Gerhard, dem Saarbrückener verabredet. Zusammen gehen wir zum Chinesen jenseits des stinkenden Kanals. Nach dem vielen Fleisch der brasilianischen Küche wollen wir wieder einmal die vitaminreiche Garküche Asiens genießen.

Heute will ich nach Recife-Stadt fahren. Ich frühstücke gar nicht erst und mache mich gleich auf den Weg zur Busstation.

Recife ist die viertgrößte Stadt Brasiliens. Sie ist die Hauptstadt des Bundesstaates Pernambuco und hieß früher auch Pernambuco. Sie hat fast 1 1/2 Millionen Einwohner.

Die Stadt Recife liegt zum Teil auf einer Insel und zum Teil auf einer Halbinsel, die durch viele Brücken verbunden sind. Da gleichzeitig viele Kanäle und viele Wasserstraßen die Stadt durchfließen, gibt es auch darüber unzählige Brücken. Deswegen wird Recife auch das "brasilianische Venedig" genannt. Seinen Namen hat Recife von den vielen Riffen, die ihr vorgelagert sind. Riff heißt auf portugiesisch arrecife.

Diesmal muß ich nicht lange auf den Bus warten. Es ist die Buslinie, die mit der Aufschrift "Aeroporto" kreisförmig vom Flughafen über Boa Viagem durch die Stadt zurück zum Flughafen fährt.

Ich zahle meine 18 Pfennige, erwische sogar einen Sitzplatz und starte meine Stadtrundfahrt.

Die Fahrt geht über die Brücke Ponte Agamenom hinüber auf die Inselstadt. In der Nähe des "Othon Palace Hotels" steige ich aus. Pulsierendes Leben umgibt mich. Alles ist zu Fuß unterwegs und schiebt und drängt durch die glühenden Straßenschluchten. Es ist ein Stadtkern voller Hochhäuser, in den einige renovierungsbedürftige Kirchen eingestreut sind. Auf den meisten freien Plätzen sind Marktstände aufgestellt. Hier kann man von Textilien bis zum Obst alles kaufen.

Die Straßen zwischen den Hochhäusern weisen alle das gleiche Bild auf. Ich bin in der Hitze pflastermüde. Will mit dem Bus möglichst schnell wieder zurück nach Boa Viagem und dort ins klimatisierte Shopping Center.

Doch diesmal muß ich vergebens auf den Bus mit der Aufschrift "Aeroporto", der dorthin führt, warten. Fast hundert Busse kommen an der Haltestelle zwischen den glühenden Hochhäusern an, aber alle mit einer anderen Aufschrift, einem anderen Ziel in dieser Millionenstadt.

Der ganze Personenverkehr hier wickelt sich über Busse ab. Man sieht also neben Lastern und Taxis nur Busse, Busse, Busse. Der reine Personenwagenverkehr spielt so gut wie überhaupt keine Rolle.

Eine Dreiviertelstunde warte ich schon in der sengenden Hitze und immer noch ist kein "Aeroporto" aufgekreuzt. Ich entschließe mich, mit dem Taxi ins Shopping-Center zu fahren. Ich zahle zwar 20 Cruzados statt 1 Cruzado. Dafür bin ich zwanzig Minuten später schon dort.

Das Shopping Center von Recife ist ein klimatisiertes Einkaufscenter, wie sie in der ganzen Welt gleich aussehen. Mit Restaurants und unzähligen Läden, die über Wandelgänge und Rolltreppen zu erreichen sind.

Auch hier halte ich mich nicht lange auf. Ich will schnellstens zurück an die frische Brise. Zurück zum Strand von Boa Viagem. Durch eine postenbewachte Glastüre trete ich hinaus in die flirrende Hitze auf einen der großen Parkplätze des Centers, auf dem aber so gut wie kein Auto steht. Seitlich finde ich an einer Haltestelle wartende Busse.

“Welcher fährt nach Boa Viagem?” frage ich einen der dort Wartenden. Eine lange Erklärung in Portugiesisch, die ich nicht verstehe, ist die Reaktion.

Übrigens reden die Brasilianer viel und gerne. So habe ich in Recife-Stadt, als ich erfolglos auf den Bus wartete mit einem älteren Herrn, der mich als ebenfalls Wartender ansprach, ein “Gespräch” von sage und schreibe 25 Minuten geführt, bei dem ich von Zeit zu Zeit immer lächelnd nickend nur “sim, sim - ja, ja -” sagte, während mir der andere unentwegt weiter lange Geschichten erzählte. Das wäre wahrscheinlich noch viel länger so weiter gegangen, wenn nicht sein Bus gekommen wäre. So verabschiedete er sich mit einem Schulterklopfen von mir, wobei ich “sim, sim” zurücklächelte. Er hat nicht einmal gemerkt, daß er sich mit einem Ausländer, der dazu nicht ein Wort verstanden hat, “unterhielt”.

Dasselbe ist mir auch in Rio mit dem schwarzen Fahrer des Jardinerio-Busses passiert, neben dem ich etwas seitlich versetzt, vorne im Bus saß. Der erzählte mir während der Fahrt ellenlange Geschichten. Da bin ich mit meinem von Zeit zu Zeit freundlich nickenden, lächelnden “sim, sim” auch gut über die Runden gekommen.

Doch zurück zum Bus am Shopping Center. Auch hier verstehe ich kein Wort. Ich will nicht unhöflich sein und sage auch hier mein lächelndes “sim, sim”. Dann gehe ich zu einem der wartenden Omnibusse.
“Geht der Bus nach Boa Viagem?” frage ich den Fahrer durch die offene Tür.
Der sagt “sim, sim”, und ich steige ein.

Es dauert noch eine Zeit, dann fährt er los. Raus aus dem Parkareal des Shopping Centers. Die Straße hinauf. Nach der zweiten Haltestelle kommt die große Querstraße mit dem Kanal.

“Aha”, denke ich, “das ist ja gar nicht so weit. Jetzt wird er rechts abbiegen. Da geht es zu Carlos. An der nächsten Haltestelle mußt du dann raus. Dann brauchst du nur die paar Meter um die Ecke laufen und bist bei Carlos.”

Doch genau so schnell wie ich das gedacht habe, ist der Bus statt nach rechts, nach links abgebogen und braust nun mit Vollgas die breite, völlig verkehrsfreie, schnurgerade Avenida hinunter. Erst nach fast einem Kilometer kommt die nächste Haltestelle auf dieser großen Ausfallstraße. Nun ist es zu spät für mich zum Aussteigen. Es ist eine Einbahnstraße ohne Busgegenverkehr. Die Strecke auf der schattenlosen Avenida in dieser Gluthitze hier zu Fuß zurückzugehen, wäre mörderisch. Ich bleibe also sitzen und so fahre ich die ganze Strecke, die ich mit dem Taxi gefahren bin, wieder mit dem Omnibus zurück nach Recife-Stadt und darin kreuz und quer.

Ich nehme es gelassen und versuche die Stadtrundfahrt zu genießen.

Nach 1 1/2 Stunden kommt der Bus wieder in die Nähe des Shopping Centers und kreuzt den Kanal an derselben Stelle, wo er vorher statt rechts, links abgebogen ist. Kurz dahinter hält er. So schnell aber, wie ich diesmal aus dem überfüllten Bus herausgestürzt bin, habe ich es noch nie geschafft. Eine Brasilianerin und zwei Brasilianer, dir mir dabei im Weg standen, habe ich fast mit aus dem Bus gerissen. Obrigado, obrigado.

Bei Carlos trinke ich erst einmal ein Bier. Dort sitzt Günther, der Wormser. Zu ihm setze ich mich. Erzähle ihm meine Rundreisestory in der Mittagshitze.

Günther, ein jugendlich wirkender Fünfziger, will bis März in Brasilien bleiben. Er ist Frührentner und hat noch ein paar Einkünfte aus Vermietung und Verpachtung.
“Mir reichts. Ich will läwe”, ist seine Pfälzer Antwort, wenn man ihn fragt, was er hier macht. Mit diesem, seinem Lebensmotto reist er in der Weltgeschichte herum.

“Morgen fliege ich zurück nach Deutschland”, sage ich zu ihm. “Ich freue mich richtig darauf und bin froh, wenn ich nach der erlebnisreichen Zeit hier wieder in Europa, in Deutschland bin. Wie ist es? Ich gehe heute abend zum Abschiedsessen nebenan zum Spanier in seine Kerzenlicht-halle. Kommst du mit?”
“Ja, das ist gebont. Des kenne mer mache”, meint er.
“Also um 20 Uhr, hier bei Carlos Treffpunkt.”
“Abgemacht, hier um 20 Uhr.”

Ich zahle mein Bier und verziehe mich die 200 Meter weiter in mein Hotel.

Dort wird erst einmal große Wäsche gemacht. Leinenhose, Shorts und zwei T-Shirts werden in heißem Wasser mit reichlich Waschpulver im Waschbecken eingeweicht. Dann lege ich mich aufs Ohr und lasse die nächsten zwei Stunden das Waschpulver für mich arbeiten.

Um 18 Uhr stehe ich auf. Hole die Sachen aus der Dreckbrühe im Waschbecken, spüle sie unter der heißen Brause aus und hänge sie über die gespannte Schnur auf meinen Terrassenbalkon im 10. Stock, wo durch die offene Terrassentür eine kräftige, warme Meeresbrise hereinweht. Denn ich möchte mit sauberen Klamotten in Deutschland ankommen.

E N D E

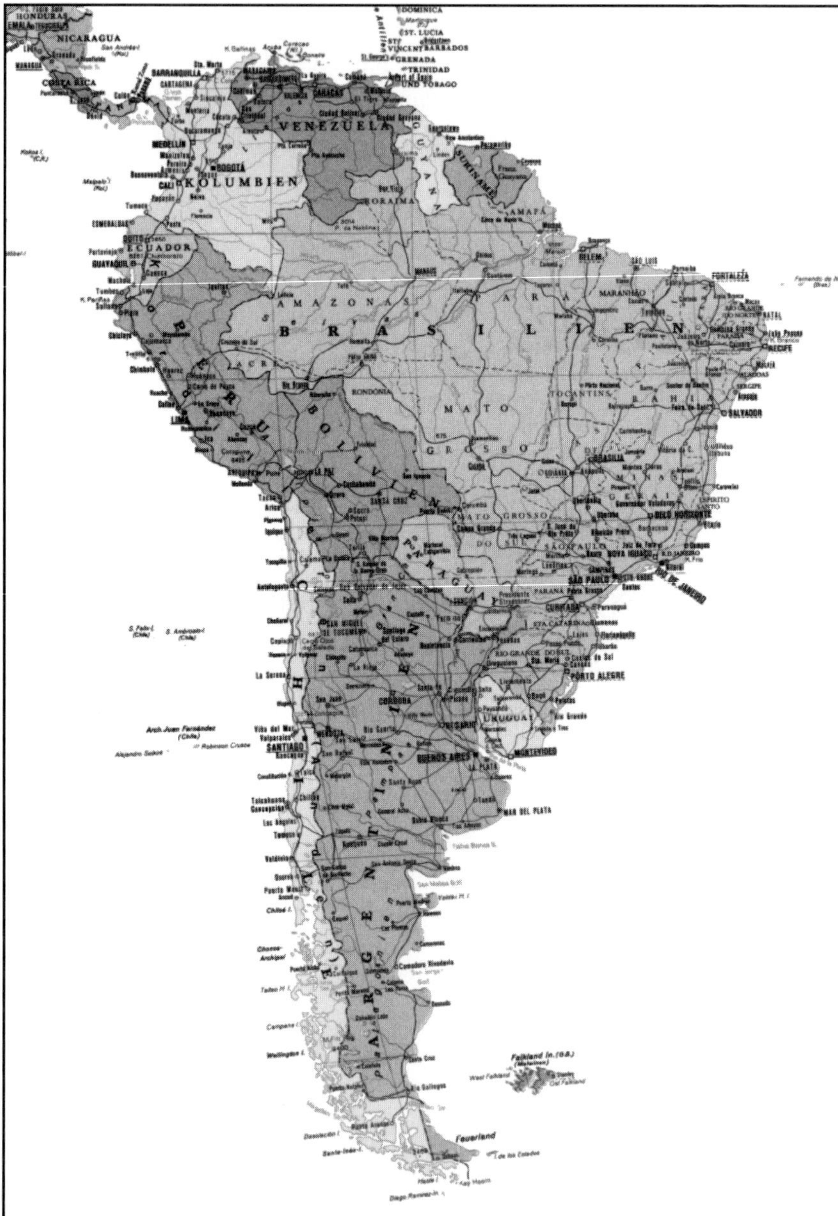

HONDURAS
NICARAGUA
MANAGUA
COSTA RICA
DOMINICA
ST. LUCIA
BARBADOS
GRENADA
TRINIDAD UND TOBAGO
BARRANQUILLA
CARACAS
VENEZUELA
GUYANA
SURINAME
MEDELLÍN
BOGOTÁ
CALI
KOLUMBIEN
RORAIMA
AMAPÁ
QUITO
ECUADOR
GUAYAQUIL
MANAUS
BELÉM
SÃO LUIS
FORTALEZA
AMAZONAS
PARÁ
MARANHÃO
BRASILIEN
RECIFE
ACRE
RONDÔNIA
TOCANTINS
BAHIA
MATO GROSSO
SALVADOR
LIMA
PERU
BOLIVIEN
LA PAZ
BRASÍLIA
MINAS GERAIS
BELO HORIZONTE
MATO GROSSO DO SUL
SÃO PAULO
RIO DE JANEIRO
PARAGUAY
PARANÁ
CURITIBA
SAN MIGUEL DE TUCUMÁN
RIO GRANDE DO SUL
PORTO ALEGRE
CÓRDOBA
ROSARIO
URUGUAY
Arch. Juan Fernández (Chile)
Robinson Crusoe
SANTIAGO
BUENOS AIRES
MONTEVIDEO
MAR DEL PLATA
CHILE
ARGENTINIEN
Chiloé I.
Falkland In. (G.B.)
Feuerland

Brasilien

Brasilien gehört zu den größten Staaten der Welt. Mit einer Gesamtfläche von ca. 8,5 Millionen Quadratkilometern ist es das fünftgrößte Land unserer Erde.

Gegliedert ist es in den Bundesdistrikt Brasilia, die Hauptstadt, 3 Territorien und in 23 föderative Staaten. Aufgrund seiner gewaltigen Landgröße ist es dementsprechend auch von einer unterschiedlichen Vielfalt geprägt.

Im Norden ist es das Amazonasgebiet mit seinen riesigen tropischen Dschungelwäldern. Es ist mit seinem Wasserspeicher- und Verdunstungshaushalt und seiner Sauerstoffproduktion gleichzeitig auch die Lunge unseres Planeten. Seine Zerstörung durch Rodung ist deshalb unverantwortlich. Sie führt nicht nur zu Naturkatastrophen, sondern zerstört auch das über Jahrmillionen aufgebaute Gleichgewicht der Natur und auch gleichzeitig das Klima der Erde, auf der wir leben. Alleine 50% des Gesamtsauerstoffes der Erde werden hier produziert.

Der Norden

Er besteht aus den Bundesstaaten und Territorien

Bundesstaat	Fläche	Hauptstadt
Acre	ca. 152.600 qkm noch unerschlossen	Rio Branco
Amazonas	ca. 1.564.500 qkm	Manaus
Para	ca. 1.248.000 qkm Viehzucht, holzverarbeitende Industrie	Belém

Bundesstaat	Fläche	Hauptstadt
Territorium		
Rondonia	243.000 qkm Landwirtschaft u. Viehzucht	Porto Velho
Roraima	230.100 qkm Landwirtschaft u. Viehzucht	Roa Vista
Amapa	140 300 qkm Manganvorkommen	Macapa
Region Nordost		
Maranhao	ca. 323.700 qkm Öl, Mineralien, Landwirtschaft	Sao Luis
Piaui	ca. 250.900 qkm Landwirtschaft u. Viehzucht	Teresina
Ceara	ca. 148.000 qkm Baumwolle u. Bananen	Fortaleza
Rio Grande do Norte	ca. 53.000 qkm Zuckerrohr, Baumwolle, Bananen, Maniok	Natal
Paraiba	ca. 56.400 qkm Landwirtschaft	Joáo Pessoa
Pernambuco	ca. 98.300 Phosphat, Landwirtschaft, Baumwolle, Maniok, Zuckerrohr	Recife
Alaqoas	ca. 27.700 qkm Erdöl, Zuckerrohr, Maniok	Maceió

Bundesstaat	Fläche	Hauptstadt
Sergipe	ca. 22.000 qkm Erdöl, Kokosnüsse	Aracajo
Territorium Fernando do Noronha	ca. 26.000 qkm Vulkaninseln im Atlantik	
Bundesstaat Bahia	ca. 561.000 qkm Edelsteine, Kupfer, Blei, Mangan	Savados
Region Südost		
Minas Gerais	387.170 qkm Reis, Vieh, Erze u. Diamanten	Belo Horizonte
Espirito Santo	46.000 qkm Landwirtschaft, Erze	Vitoria
Rio de Janeiro	ca. 44.300 qkm Industrie u. Tourismus	Rio de Janeiro
Sao Paulo	ca. 248.000 qkm Landw., Industrie u. Viehzucht	Sao Paulo
Region Süd		
Paraná	ca. 200.000 qkm Landwirtschaft, Rinder- u. Schweinezucht, Industrie	Paranagua Curitiba, größter Kaffee-Export- hafen der Welt
Santa Catarina	ca. 96.000 qkm Landw. u. Kohlevorkommen	Florianopolis

Bundesstaat	Fläche	Hauptstadt
Rio Grande do Sul	ca. 282.100 qkm Vieh- u. Landw., Weinanbau, Kohle, Kupfer, Edelsteine	Porto Alegre
Region Mittelwesten		
Mato Grosso	ca. 1.231.550 qkm Maniok, Erze, Gold, Landw.	Cuiabá
Goias	ca. 642.100 qkm Land- u. Viehwirtschaft, Nickelvorkommen	

Bestechend ist der Artenreichtum des gefährdeten tropischen Regenwaldes im Norden von Brasilien.

Dort gibt es ca. 3.000 verschiedene Baumarten. Bei uns in Europa sind es knapp 50.

Die Bevölkerung Brasiliens ist ein Vielvölkergemisch und zählt ca. 130 Millionen Einwohner. 1950 waren es erst knapp 52 Millionen. Ca. 55% sind Weiße europäischer Vorfahren, ca. 27% sind Mischlinge, 12% Farbige, knapp 1% Asiaten.

Geschichte Brasiliens

Brasilien ist ein von Europa aus erschlossenes Land.

1494 Vertrag von Tordesillas zwischen Spanien und Portugal. Festlegung einer Grenzlinie durch Südamerika zwischen Spanien und Portugal.

1500 Pedro Alvarez Cobral landet am 2. April in der Nähe von Salvador. Er gilt als der Entdecker Brasiliens und nennt das Land Terra de Vera Cruz.
Statt Gold, das man erhoffte, fand man den Rotholzbaum, aus dem man Farbstoff gewann. Er hieß Pau Brasil. Das Land hieß nunmehr Brasilien.

1549 wurde der l. Generalgouverneur für dieses Gebiet eingesetzt. Hauptstadt wurde Salvador. Man hat es vorher durch europäische Einwanderer besiedelt, um den Franzosen zuvorzukommen, die sich anschickten Bündnisse mit indianischen Stämmen zu schließen.

17. Jahrhundert. Bis Mitte des 17. Jahrhunderts wurde Brasilien zum größten Zuckerproduzenten der Welt, Salvador zum Zentrum des Sklavenhandels.

1654 wurden die Holländer vertrieben, die sich im Norden Brasiliens (Recife) festgesetzt hatten.

1670 wurde beim Vordringen in den Westen des Landes Gold entdeckt. Ein fast l00jähriger Goldrausch begann. Zum .Gold fand man auch Diamanten.

1789 Die erste Unabhängigkeitsbewegung unter Joaquim Jose da Silva Xavier wurde niedergeschlagen, Xavier hingerichtet. Er wird heute als Nationalheld verehrt. Kaffee-Großplantagen wurden errichtet. Kautschuk wurde entdeckt.

1808 König Joao VI. flieht von Portugal nach Rio, nachdem Portugal von den Franzosen besetzt wurde. Rio wurde zur Hauptstadt des portugiesischen Reiches.

1822 Pedro, der Sohn des portugiesischen Königs, erklärt Brasilien als unabhängig.

1. Dez. 1822 Pedro wird zum Kaiser von Brasilien gekrönt.

1831 Pedro dankt ab. Sein Sohn Pedro II. wird gekrönt und regiert 58 Jahre das Land.

1873 Henry Wickham, ein Engländer, schmuggelt Kautschuksamen außer Land. Durch die Anpflanzungen in Südostasien wurde der brasilianische Kautschukboom gestoppt. Abschaffung der Sklaverei.

1891 Pedro II. wird zur Abdankung gezwungen, die Republik der vereinigten Staaten von Brasilien wird gegründet und erhält eine Verfassung.

1930-1945 Getulio Vargas regiert das Land und führt Sozialreformen ein. Er erhielt den Beinamen „Vater der Armen".

1945 Getulio Vargas wird durch das Militär abgesetzt.

1951 Getulio Vargas wird erneut Präsident.

1954 Getulio Vargas stirbt durch Selbstmord.

1960 Gründung der Hauptstadt Brasilia durch Staatspräsident Jucelino Kubitschek.

1964 Militärputsch. Wirtschaftswunder durch Auslandsverschuldung. Präsidenten u.a. die Generäle Geisel und Figueredo.

1985 Tameredo Neves wird Staatspräsident und verstirbt kurz nach seiner Wahl am 22. 4. 1985. Sein Nachfolger wird José Sarney.

1985-
1999 In rascher Folge wechseln die Staatspräsidenten Brasiliens.

Aus der deutschen Brasilienzeitung in Sao Paulo:

165 Jahre deutsche Einwanderung in Brasilien

Als die Deutschen nach Brasilien kamen

Die faszinierende Geschichte der deutschen Einwanderung nach Brasilien ist schon von vielen berufenen Forschern und Historikern geschrieben worden. Viele Buecher und Artikel sind dazu in den letzten 16 Jahrzehnten erschienen, sei es hier in Brasilien oder in Europa. Die meisten dieser Werke sind vergriffen und werden – aus welchen Gruenden auch immer – nicht mehr neu verlegt. Deshalb hat die DEUTSCHE ZEITUNG dem Journalisten Jan Peter Schneider den Auftrag erteilt, die wichtigsten Ereignisse vor, waehrend und nach den grossen Einwanderungswellen aus dem deutschsprachigen Kulturraum Europas nach Brasilien fuer unsere Leser hier zu schildern und zu kommentieren. Der Artikel, dessen erster Teil in unserer letzten Beilage am 28. Juli 1989 erschienen ist, kann und will kein vollstaendiges Bild der Ereignisse darstellen. Er will aufzeigen, wie wichtig die deutsche Immigration fuer den Aufbau und Erhalt der brasilianischen Nation war und ist, obwohl das deutsche Element bezugnehmend auf den Bevoelkerungsanteil nie eine grosse Bedeutung hatte. Man geht davon aus, dass unter den 145 Millionen Brasilianern etwa 3 Millionen deutschstaemmig sind.

Die deutschen Einwanderer waren im letzten Jahrhundert ueberwiegend Bauern, die als Soldaten eingesetzt, wertvollen Blutzoll fuer die Erhaltung Brasiliens als Staatsgebilde mit kontinentalen Ausmassen einen unschaetzbaren Beitrag lieferten. Dies haben wir im ersten Teil dieser historischen Betrachtung aufzuzeigen versucht.

Ihre Kenntnisse des Ackerbaus und der Bodenbestellung halfen den Siedlern in entscheidender Weise zum Ueberleben. Darueber hinaus erfuhr die brasilianische Landwirtschaft durch die fuer damalige Begriffe modernen Agrarmethoden einen merklichen Aufschwung. So waren es die Deutschen, die in Brasilien den bis dato gaenzlich unbekannten Pflug und die Egge einfuehrten. In Sao Leopoldo geschah dies bereits vor 165 Jahren, in Parana erst Mitte der vierziger Jahre des letzten Jahrhunderts. Pflug und Egge verbesserten nicht nur den Boden, sondern verhalfen zu einer enormen Produktivitaetssteigerung. Ploetzlich war es moeglich, in der selben Zeit von ein und dem selben Mann das zehnfache an Bodenflaeche zu bearbeiten als dies frueher mit der ueblichen Hacke geschah. In Parana bot sich darueber hinaus die Moeglichkeit, im urwaldarmen Hochland (Savanne) durch den Einsatz von Pfluegen die Region landwirtschaftlich besser zu nutzen und damit eine rasche wirtschaftliche Entfaltung der Provinz zu sichern.

Die deutschen Einwanderer pflegten, so wie sie es aus ihrer alten Heimat gewohnt waren, den gemischten Ackerbau. Dies fuehrte ueber die Jahre zu einer gesunden und kraeftigen Landwirtschaft. Die portugiesischen Einwanderer betrieben naemlich ueberwiegend Mo-

Die Suedprovinzen Brasiliens (Santa Catarina, Paraná und Rio Grande do Sul) uebten u.a. aus klimatischen Gruenden eine groessere Anziehungskraft auf deutsche Immigranten aus. Im Sueden sind die Jahreszeiten deutlicher zu unterscheiden wie hier auf dem Foto oben. Wintercamping im rauhreif verzuckerten CANELA in Rio Grande do Sul. Ebenfalls im suedlichsten Staat Brasiliens entstand die untere Aufnahme. Fruehling in der Hortensienstadt Gramado.

Bereits im Jahr 1966, also erst 10 Jahre nach Aufnahme der Fertigung von Omnibussen und Lastkraftwagen in Brasilien, begann Mercedes-Benz do Brasil mit Exporten. Die ersten Fahrzeuge, hier auf dem Bild auf ihrer Fahrt zum Verschiffungshafen, gingen nach Venezuela. Eine Sensation zur damaligen Zeit fuer ein Land, das seit seiner Entdeckung im Jahre 1500 immer nur Rohstoffe und Agrarprodukte ausfüuehrte. Dass diese Exporte von einem mit deutscher Technologie arbeitenden Unternehmen getaetigt wurden, war kein Zufall. Das Verdienst der deutschen Firmen, die sich ab der fuenfziger Jahre in Brasilien niedergelassen hatten, war ganz ohne Zweifel die Schaffung von Qualitaetsprodukten. Den Willen zur Qualitaet und die Einfuehrung von Qualitaetskontrollen hatte es frueher in Brasilien nicht gegeben.

nokultur (Zuckerrohr, Kaffee, Viehzucht). Dies behinderte erheblich eine raschere Entfaltung von groesseren Ortschaften und Staedten, da es an Nahrungsmitteln mangelte, wie Thomas Davatz in seinem Buch "Memorias de um Colono no Brasil" 1850 schrieb.
Die Kolonisten wurden ueberall, wo sie sich niedergelassen hatten, bzw. wo man ihnen Boden zugeteilt hatte, Lieferanten von Milch, Butter, Eiern, Gefluegel, Gemuese, Obst und Knollenfruechten. In Rio Grande do Sul machten die Deutschen die Schweinezucht bekannt. In Santa Catarina die Kleezucht, Georg Merck brachte den Tabak in den Sueden und auch fuer die Kartoffel waren die Deutschen verantwortlich. Schwierigkeiten gab es nur beim Weizen, mit dessen Anbau man zwar schon frueh begann, aber dessen Erfolge bescheiden blieben.

1843 hatte man die "deutsche Arbeitsbiene" eingefuehrt. Als erster Bienenzuechter ging Friedrich August Hannemann in die brasilianische Landwirtschaftsgeschichte ein. In der ersten Haelfte dieses Jahrhunderts war es dann Emil Schenk, der als brasilianischer "Bienenvater" galt. Er begruendete das den hiesigen klimatischen Verhaeltnissen angepasste und im ganzen Land bekannte "System Schenk". Er war auch verantwortlich fuer die 1907 erfolgte Gruendung der ersten brasilianischen Imkervereinigung. 1938 erreichte die

Bienenhonigproduktion allein in Santa Catarina und Rio Grande do Sul 600.000 kg jaehrlich.
Als Vaeter des mit kuenstlicher Bewaesserung durchgefuehrten Reisanbaus galten im letzten Drittel des vorigen Jahrhunderts Johann Georg Krieger und Georg Franke. Zu Beginn dieses Jahrhunderts begann Oskar Loewens mit maschinell betriebener Bewaesserung beim Reisanbau.
Ideen und Einfallsreichtum fuehrten dazu, dass deutsche auch in anderen, in ihrer alten Heimat unbekannten Pflanzmethoden sich einen Namen machten. So beim Kakao. Schon im 17. Jahrhundert hatte eine koenigliche Verordnung den Anbau des Kakaos in der Nord- und Nordostregion befohlen. Mit nur maessigen Erfolgen. Zum siegreichen Durchbruch der Kakaokultur in Bahia verhalfen erst Peter Weyll, der sich die ersten Erfahrungen von Albert Steiger zunutze machte. In diesem Zusammenhang muss auch die Firma Gebruеder Jezler und Truempy genannt werden, die auf den sog. Para-Kakao mit seinem niedrigen Stamm setzten. Um 1940 erzeugte der Staat Bahia durch nicht unerheblichen Einfluss deutscher Einwanderer 98 Prozent der gesamten brasilianischen Ernte und stand an zweiter Stelle in der Welterzeugung.
In der Viehzucht taten sich Dr. Blumenau und Oskar von Meien durch Kreuzungsversuche von Milchkuehen hervor und legten damit Grundsteine fuer die Milchwirtschaft und milchverarbeitende Industrie.
Viele bedeutende Impulse gingen auch von den Handwerkern aus. Darueber liegen umfangreiche Zahlenaufstellungen vor. Interessant ist es, Vergleiche zwischen Sao Leopoldo (aus dem Jahre 1857) und Sao Paulo (Mitte der dreissiger Jahre des letzten Jahrhunderts bei doppelter Einwohnerzahl) gegenueberzustellen (in Klammern die Zahlen Sao Paulos): Schlosser 3 (2), Schmiede 23 (54), Goldschmiede 4 (30), Blechschmiede 4 (k. Angabe), Schneider 12 (49), Weber 18, Zhimmerleute 53 (77), Fassbinder 3 (2). In der Gruendungsstadt deutscher Einwanderer kamen Betriebe dazu, von denen man in Brasilien bis dahin manchmal nur vom Hoerensagen wusste:
Kein geringerer als der brasilianische Journalist und Historiker Ernani Silva Bruno hob in verschiedenen Artikeln, die kurz nach dem Zweiten Weltkrieg in der Tageszeitung "O Estado de S. Paulo" veroeffentlicht wurden, die Bedeutung hervor, die deutsche Einwanderer im vergangenen Jahrhundert bei dem Aufbau von Handwerksbetrieben z. B. im Staat Sao Paulo hatten: "Die Deutschen leisteten einen wertvollen Beitrag zur Entfaltung der Stadt Sao Paulo, indem sie mithalfen, sie aus ihrem kolonialen Schlaf zu erwecken." Und der paulistaner Chronist Paulo Cursino de Moura ergaenzt in seinem bei Comp. Melhoramentos erschienenen Werk "Sao Paulo de Outrora": "Von 1870 an nahm der deutsche Unternehmergeist auf paulistaner Boden einen ungewoehnlichen Umfang an, und zwar in jeglicher Gestalt und in allen Zweigen oeffentlicher und privater Taetigkeit". An anderer Stelle kommentiert er: "Heute ist die auslaendische Mitarbeit unter uns etwa Selbstverstaendliches. Damals aber, als der Samen ausgesaet wurde, war die Ausdauer dieser bahnbrechenden deutschen Vorlaeufer des paulistanischen Fortschrittes erstaunlich ... Die Deutschen waren ohne Zweifel der Pionier dieses Fortschrittes. Denn sie, die Deutschen, arbeiteten wirklich. Alle guten Anregungen kamen von den Deutschen und Angelsachsen."

Grundsteinlegung des protestantischen Gotteshauses in der deutschen Kolonie Dona Francisca in Suedbrasilien am 1. Juni 1857.

Sao Paulo hatte im Jahr 1890 nach halbwegs zuverlaessigen Schaetzungen basierend auf den Geburts- und Sterberegistern etwa 50.000 Einwohner. 2.500 davon waren deutsche Einwanderer oder Nachkommen in der ersten Generation. Die Immigranten arbeiteten hauptsaechlich in den freien Berufen wie Apotheker, Arzt, Landvermesser und Baumei-

Kolonistenhaus in Dona Francisca. Zeichnung aus dem Jahre 1850

ster und waren Handwerker. 18 Prozent der gesamten Handwerksbetriebe sollen damals in deutscher Hand gewesen sein. Ebenso einflussreich waren deutsche Namenstraeger im Handel. 19 Prozent der Handelshaeuser und Laeden gehoerten Deutschen oder Deutschstaemmigen. Statistiken ueber den Umsatz liegen nicht vor. Aber es kann davon ausgegangen werden, dass der Einfluss auf den Umsatz bezogen noch bedeutend hoeher lag.

Fuehrend oder zumindest einen starken Einfluss uebten die deutschen Einwanderer aus beim Aufbau einer inlaendischen Genussmittelindustrie. Vom Tabak haben wir schon gesprochen, was die Anbaumethoden anbetrifft. Die Verarbeitung der Bahia-Tabake fand allerdings noch bis etwa 1870 fast ausschliesslich im Ausland statt. Der OEsterreicher Schnorrbach versuchte als erster die Verarbeitung des Bahia-Tabaks in Brasilien selbst vorzunehmen. Erfolgreicher war Gerhard Dannemann, der mit dem Kapital der Firma Hermann Stoltz eine Firma aufbaute, die Mitte der zwanziger Jahre mit 1.600 Arbeitern als die groesste Suedamerikas angesehen wurde. Nach Dannemann kamen Suerdieck, Stender und Pook.

Grossen Einfluss uebten die deutschsprachigen Einwanderer im letzten Jahrhundert auch im Baeckereiwesen und der Schokoladenherstellung aus. In Rio de Janeiro war es die Fa. Behring, die zum ersten Mal in der Kaiserstadt Schokolade herstellte.
Im suedlichsten Staat bzw. in der Provinz Rio Grande do Sul begannen Deutsche Grosse Konservenfabriken und Schmalzraffinerien zu gruenden. Dass es bis Mitte des letzten Jahrhunderts "fast gar nichts" zu essen und trinken gab, was europaeische Gaumen bevorzugen, zeigt auch der Sektor der Getraenkeerzeugung. Georg Friedrich Ritter soll der "Vater der brasilianischen Bierbrauer" gewesen sein. Ihm wird nachgesagt, in der Kolonie Sao Leopoldo das erste Bier auf brasilianischen Boden gebraut zu haben. Die Anfaenge waren allerdings bescheiden und die ersten Brauereien, die in der Regel noch nach dem Reinheitsgebot deutscher und besonders bayerischer Brauer Bier herstellten, belieferten nur die Nachbarschaft.
1888 begannen in Rio die vom Schweizer Ingenieur Joseph Villiger gegruendete BRAHMA und in Sao Paulo ein Jahr spaeter ANTARCTICA (gegruendet auf den Einfluss von Louis Buecher hin) mit dem Bierbrauen.
Bis in die erste Haelfte des vorigen Jahrhunderts wurden von England und spaeter von Frankreich saemtliche Versuche unterdrueckt, in Brasilien eine eigenstaendige Textilindustrie aufzubauen. Erst nachdem Brasilien ab 1840 begann, aussenpolitisch mutiger zu werden und die Importe billiger Webwaren einschraenkte, hatten mutige Unternehmer wie Johann Friedrich Glette aus Cottbus (Brandenburg), die Chance, konkurrenzfaehige Webereien in Brasilien aufzubauen. Der Oesterreicher Friedrich Kowarick gruendete 1891 die Baumwollspinnerei Votorantim bei Sao Paulo, Karl Wilhelm Rheingantz in Rio Grande die erste Wolltuchweberei. Rheingantz richtete seine eigenen Zulieferbetriebe ein, indem er eine Schafzucht und einen Betrieb zur Wollzubereitung unterhielt. 1904 gruendete er die erste Kammgarnspinnerei in Brasilien.
In Blumenau machten zwei aus Sachsen eingewanderte Weber von sich reden. Es waren Hermann und Bruno Hering.

Ihr Unternehmergeist, ihr fachliches Koennen und auch ihr Glueck fuehrte dazu, dass nicht nur ihr Unternehmen, die Comp. Hering weit ueber die Grenzen Brasiliens ein Qualitaetsbegriff fuer Wirkwaren wurde. Eine ganze Reihe anderer Unternehmen verhelfen bis heute dem Itajaital dazu, weltweit mit ihren Produkten praesent zu sein.
Was es bis zur Mitte des letzten Jahrhunderts auch nicht in Brasilien gab, waren Seife, Kerzen, Leim und Kunstduenger. Auch hier waren deutsche Siedler Pioniere, die ihr mitgebrachtes Wissen, angepasst an die vorhandenen Gegebenheiten und Moeglichkeiten, einsetzten.
Auch im industriellen Bereich waren deutsche Einwanderer Pioniere. Die Gebrueder Roehe, Julius Adam, Jakob Casper, Albert Buehler und Johann Hinze fuehrten den Wagenbau (spaeter Strassenbahn- und Eisenbahnbau) in Brasilien ein. In Santos machte die Wagenbauanstalt Jakob Emmerich auf sich aufmerksam.
Johann Bloem war es, der als Leiter des Eisenwerkes Ipanema zum ersten Mal eiserne Zuckermuehlen herstellte. 1840 goss er fuer die Jesuiten in Rio Grande do Sul die erste brasilianische Kirchenglocke. Friedrich Fromm stellte 1837 die erste Dampfmaschine (in Santos) auf. Wilhelm Bragge errichtete 1854 im Auftrag des Baron von Maua in Rio de Janeiro die erste Gasanstalt.
Die Liste der Industriepioniere im letzten Jahrhundert mit deutschen Namen ist lang. 1886 gruendete Georg Eisenbach die erste Zuendholzfabrik im Land (in Curitiba). Wilhelm Schuech war es, der bei Petropolis die erste brasilianische Papierfabrik errichtete. Er liess auch das erste Ameisenvertilgungsmittel ("Formicida Capanema") bei Rodeio (RJ) herstellen.
Der Erfinder und Erbauer der ersten funktionsfaehigen Kaffeeschaelmaschine war Johann Konrad Engelberg aus Bremen. Seine Maschine bedeutete zusammen mit dem Entferner eine entscheidende Produktivitaetsverbesserung bei der Aufbereitung des Rohkaffees.

Um die schuechternen Versuche einer Huettenindustrie voranzutreiben, wurde 1882 der deutsche Bergbauspezialist Philipp Helm von der Regierung beauftragt, die Kohlenlager in Rio Grande do Sul zu erschliessen. Vorher hatten sich bereits Gotthilf Feldner und die Unternehmen Holtzweissig und Bromberg auf diesem Sektor ihre Sporen verdient.
Wenn auch die letzten Abschnitte Pioniertaten deutscher Einwanderer auf verschiedenen Gebieten aufzeigten, die Ansaetze fuer eine nationale Produktion wichtiger Artikel fuer eine halbwegs von Importen unabhaengige Volkswirtschaft auftaten, so waren es doch die

Die von einem Esel gezogene Strassenbahn aus dem Jahre 1911 vor dem Eisenbahnhof in Joinville.

Handelshaeuser deutschen Ursprungs, die fuer das Kaiserreich nicht selten voellig neue Moeglichkeiten erschlossen. Ein bemerkenswertes Beispiel stellt die Firma Theodor Wille dar, die 1844 in Santos gegruendet wurde. "Sie brachte", so fasst Oberacker in seinem Werk "Der deutsche Beitrag zum Aufbau der brasilianischen Nation" zusammen, "mit ihren drei Haeusern in Sao Paulo, Rio und Santos zahlreiche, bisher nicht gekannte Waren und Maschinen auf den inlaendischen Markt und eroberte fuer den brasilianischen Kaffee, dessen Absatz diese groesste Kaffeeausfuhrfirma sowohl in Europa als auch in Nordamerika im Laufe der Jahrzehnte gewaltig steigern konnte. Theodor Wille erreichte es, dass bald nach Gruendung seiner Firma die Ueberseeschiffe regelmaessig Santos anzulaufen begannen und dass der Kaffee aus Sao Paulo, der bisher auf Mauleseln erst nach Rio befoerdert werden musste, unmittelbar ueber Santos ausgefuehrt werden konnte. Er hat dadurch den Aufschwung der Kaffeewirtschaft Sao Paulos gewaltig gefoerdert. Schon in den achtziger Jahren organisierten 16 deutsche Firmen ueber Santos mehr als die Haelfte der brasilianischen Kaffeeausfuhr. Von Bahia aus eroeffneten deutsche Kaufleute, wie Suerdieck, Dannemann, Stoltz und andere – auf aehnliche Weise wie Theodor Wille dem Kaffee – dem Kakao und Tabak den Weltmarkt. Bremen und Hamburg wurden durch sie die europaeischen Hauptstapelplaetze des brasilianischen Kaffees, Kakaos und Tabaks.
Die Einfuhrfirmen verhalfen der brasilianischen Wirtschaft nicht selten zu neueren und vorteilhafteren Betriebsweisen. In Rio Grande do Sul hat z. B. die Firma Bromberg fuer den wirtschaftlichen Fortschritt in der Landwirtschaft und Industrie gewirkt, indem sie leistungsfaehige Maschinen einfuehrte und grosse technische Anlagen (unter andrem fuer

den Reisbau) errichtete. Ein Gleiches kann von der Firma Karl Hoepcke, dem groessten Handelsunternehmen der Provinz Santa Catarina, sowie von den grossen deutschen Einfuhrhaeusern in Sao Paulo, Rio de Janeiro und Bahia gesagt werden.

Ganz hervorragenden Anteil haben die Deutschen an der Entwicklung des Verkehrswesens genommen. Es gab keine bedeutendere Strasse im brasilianischen Kaiserreich, an deren Bau nicht deutsche Fachleute fuehrend beteiligt gewesen waeren. Als Peter II. zur Regierung kam, war es mit dem Strassenwesen noch recht schlecht bestellt. Damals gab es im ganzen Land keine einzige Fahrstrasse mit festem Unterbau, wie zur Kolonialzeit wickelte sich der Verkehr auf ausgetretenen Saumtierpfaden ab. Peter II. wandte dem Verkehrswesen seine ganze Aufmerksamkeit und besondere Fuersorge zu, denn er hatte die wirtschaftliche und auch politische Bedeutung eines gut entwickelten Verkehrswesens fuer den Zusammenhalt des Reiches und die nationale Festigung richtig erkannt. Waehrend die portugiesische Kolonialverwaltung die verkehrsmaessige Entwicklung aus Gruenden der Steuererhebung eher gehemmt als gefoerdert und dadurch auch dem Entstehen eines gesamtbrasilianischen Denkens und Empfindens Abbruch getan hatte, wurden nunmehr Verkehrsstrassen sowie Eisenbahn- und Schiffahrtslinien geschaffen, die das Hinterland unmittelbar oder mit Hilfe der Kuestenschiffahrt mit der Reichshauptstadt verbanden.

Schon in den ersten Jahrzehnten der Regierung Peters II. wurde das Verkehrswesen ueberall maechtig gefoerdert. Von groesster Wichtigkeit fuer die Entwicklung Brasiliens zur nationalen Einheit wurde in diesem Zeitabschnitt die verkehrsmaessige Ueberwindung des steilen Randgebirges an der Kueste das eines der staerksten Hindernisse sowohl fuer die wirtschaftliche und kulturelle Entfaltung als auch fuer die Entwicklung zur nationalen Einheit gewesen ist.

Ansicht Joinvilles im Jahr 1850 noch vor der offiziellen Stadtgruendung.

Als erster grosser Strassenbauer in Brasilien ist der Gruender der Stadt Petropolis, der Ingenieur Major Julius Friedrich Koeler zu bezeichnen. Ende der dreissiger Jahre wurde er damit beauftragt, an Stelle des alten Saumpfades, der die Provinz Minas Gerais mit der Reichshauptstadt verband, eine Fahrstrasse zu bauen. Ende Dezember 1837 nahm Major Koeler die Arbeit, zu der er zahlreiche deutsche Einwanderer heranzog, in Angriff. Die Strasse fuehrte von Estrela an der Baucht von Rio de Janeiro nach Raiz da Serra,m wo die eigentlich schwierige Aufgabe fuer den Ingenieur – die UEberwindung des Orgelgebirges – begann. Koeler bewaeltigte meisterhaft die ungeheuren Hindernisse, welche ihm die Natur entgegenstellte. In vielen Dutzenden von kuehnen Kurven zog er die Strasse den steilen, felsigen Hang hinaus bis zu der Stelle, wo er mit den Strassenarbeitern und anderen deutschen Einwanderern die Stadt Petropolis baute. Die beschotterte Gebirgsstrasse besass eine Steigung von weniger als 6,5 Prozent und bot eine solche Verkehrssicherheit, dass sie von In- und Auslaendern als ein Wunderwerk der Wegebaukunst bestaunt wurde. Nach ihrer Fertigstellung ergriffen zahlreiche deutsche Siedler in Petropolis den Kutscherberuf und richteten mit Hilfe der leichten vierspaenigen europaeischen Wagen eine bequeme Verbindung nach der kaiserlichen Sommerresidenz ein.
Von Petropolis aus fuehrte nach dem Innern der Provinz Minas Gerais bis in die fuenfziger Jahre hinein nur ein gewoehnlicher Maultierpfad, der aber zu gewissen Jahreszeiten selbst fuer Maultiere nicht benutzbar war. Den Ausbau dieses Pfades zu einer Kunststrasse auf der Strecke Petropolis – Juiz de Flora ... uebergab man dem Ingenieur und ehemaligen

Das Linienschiff "Schlesien" der deutschen Kriegsmarine legte in den 30er Jahren bei seiner Suedamerika-Fahrt auch im Hafen von Santos an. In Sao Paulo wurden die jungen Matrosen, die hier in Reih und Glied durch das Zentrum der Stadt marschieren, nicht nur von der deutschstaemmigen Bevoelkerung herzlich begruesst.

Auch in diesem Jahrhundert waren es deutscher Erfindergeist, Mut und Durchsetzungskraft, die neue, bis dahin nicht bekannte, ja manchmal unvorstellbare Wege einer effizienten und schnellen Verbindung zwischen Menschen an verschiedenen, weit voneinander entfernten Orten auftaten. Mit Sicherheit gehoerte dazu die Flugpostverbindung, die 1934 von der deutschen LUFTHANSA eingeleitet wurde. Mit dem ersten Transozian-Flug von Suedamerika nach Deutschland wurden 38 kg Luftpostbriefe befoerdert. Der Sonderstempel zeigt u. a. den fliegenden Kondor der Syndiacato CONDOR Ltda. und den aufsteigenden Kranich der LUFTHANSA. Luftpostbriefe wurden zur damaligen Zeit uebrigens in knapp der Haelfte der Zeit befoerdert, bzw. erreichten ihren Empfaenger, als dies heute der Fall ist. Genannt werden muss, was die angenehme und schnelle Befoederung anbetrifft, auch der Zeppelinverkehr zwischen Deutschland und Brasilien.

gross-herzoglich-badischen Bauinspektor Josef Keller, nachdem franzoesische Ingenieure das Vorhaben fuer undurchfuehrbar erklaert hatten. ... Auch seine beiden Soehne, die Ingenieure Franz Keller-Leuzinger und Ferdinand Keller, wirkten als Fachleute an der Planung der 144 Kilometer langen und 7 Meter breiten Strasse mit. Die Strecke bot so erhebliche Gelaendeschwierigkeiten, dass sie an vielen Stellen nur durch grosse Stuetzmauern, Bruecken und Tunnels ueberwunden werden konnten. Zur Durchfuehrung des Baues wurden von 1856 bis 1861 staendig 4.000 bis 6.000 Mann beschaeftigt: Negersklaven und Portugiesen besorgten die Erdbewegungen und deutsche Handwerker – zumeist Tiroler, die sich spaeter in und bei der Stadt Julz de Fora ansiedelten – die Zimmer-, Stein- und Schmiedearbeiten.

Das Werk der Ingenieure Keller und Koeler stellte nach seiner Vollendung und Einweihung am 23. Juni 1861 die groesste Leistung auf dem Gebiete des Strassenbaus in ganz Suedamerika dar. Die auslaendischen Reisenden jener Zeit stimmten alle in ihrem Urteil darin ueberein, dass es damals selbst in Europa keine Strasse gab, die in Anbetracht der ueberwundenen Schwierigkeiten von groesserer Vollendung gewesen waere als die Verbindungsstrasse von Estrela nach Juiz de Fora.
Die Verlaengerung dieser Verkehrsader nach dem Innern von Minas Gerais uebernahm Heinrich Halfeld, der 14 Jahre lang das Amt des Chefingenieurs dieser Provinz innehatte. Ingenieur Halfeld fuehrte die Strasse von Juiz de Fora ueber Barbacena bis zur damaligen Provinzialhauptstadt Ouro Preto weiter; darueber hinaus begann er ihren Weiterbau ueber Sabara durch Urwaelder und Oedland bis zum Rio Sao Francisco und bis nach Teofilo Otoni ...
Im Jahre 1864 sollen auf dieser damals besten Strasse Brasiliens 27.000 Reisende und rund 56.000 Tonnen Gueter, hauptsaechlich Kaffee, befoerdert worden sein. Die Strecke

Europaeisches Flair in der Hauptstadt des Bundesstaates Rio Grande do Sul, Porto Alegre.

Petropolis-Juiz de Fora, die man vorher nur in vier bis fuenf Tagen zuruecklegen konnte, bewaeltigten deutsche Kutscher nunmehr in zwoelf Stunden.
Durch die Entfaltung des Eisenbahnwesens verlor das mittelbrasilianische Strassensystem spaeter voruebergehend wesentlich an Bedeutung. ...
Auch im uebrigen Kaiserreich haben deutsche Ingenieure und Arbeiter mitgeholfen, die wichtigsten Verkehrsstrassen zu errichten. In Sao Paulo wurde z. B. 1837/38 durch den ehemaligen Offizier und Ingenieur Karl A. Bresser aus Krefeld der Ausbau der wirtschaftlich so bedeutsamen Gebirgsstrasse von Santos nach Sao Paulo durchgefuehrt. Zu diesem Zweck wurden ihm ueber 200 Strassenbauarbeiter und Handwerker zur Verfuegung gestellt, die Oberst Johann Bloehm, der Leiter des Eisenwerkes in Ipanema, im Auftrag der Provinzialregierung aus Deutschland mitgebracht hatte.
In den drei Suedprovinzen beteiligten sich ueberall auch deutsche Einwanderer und Fachleute an der Hebung des Verkehrswesens. In der jungen, erst 1863 errichteten Provinz Parana machte sich insbesondere Gottlieb Wieland, ein Ingenieur, der bereits an der Errichtung der Strasse von Petropolis nach Juiz de Fora mitgewirkt hatte, als Strassen und Brueckenbauer verdient. Zusammen mit anderen fachmaennisch ausgebildeten Landsleuten bildete er in den sechziger Jahren in Curitiba zahlreiche Landmesser und Strassenbaufachleute aus, die im Siedlungs- und Strassenbauwesen der Provinz Hervorragendes geleistet haben.
Ein anderer deutscher Ingenieur namens de Drusina half Wieland 1864 bei den Vorstudien und der Herstellung des Plans zur sogenannten Graciosa-Strasse, die an Stelle des alten Saumpfades Curitiba und das paranaenser Hochland mit der Kueste verbinden sollte ...
Die Strassenbauten trugen viel zum Aufschwung Curitibas und der bis dahin noch wenig entwickelten Provinz bei zumal die wolgadeutschen Einwanderer alsbald einen regen Freachtverkehr mit UEberlandwagen einrichteten. Bis in die Neuzeit hinein sind die wolgadeutschen Pferde- und Planwagen, in denen der Erva-Mate, der Reichtum der Provinz in grossen Mengen zur Kssueste rollte, auf dem Hochland Paranas eine wohlbekannte Erscheinung gewesen.
In Santa Catarina, wo es den breiten Urwaldguertel zwischen Kueste und Hochland zu ueberwinden galt, haben deutsche Strassenbauer bahnbrechende Arbeit geleistet. Emil Odebrecht, der offizielle Landvermesser der Kolonie Blumenau, der auf der Universitaet Greifswald studiert hatte, eroeffnete in den Jahren 1867 bis 1879 den ersten Saumpfad von Blumenau auf das Hochland. Ein Ingenieur namens Kuntze baute spaeter die Fahrstrasse nach Lajes. Der Ingenieur August Wunderwelt aus Braunschweig stellte 1857 durch weite unbewohnte Gebiete die erste Verbindung zwischen Joinville, d. h. dem catarinenser Tiefland, und dem Hochland her. Der von ihm eroeffnete 158 Kilometer lange Waldpfad wurde seit Anfang der siebziger Jahre als sogenannte Kaiserstrasse von deutschen Ingenieuren und Arbeitern zu einer Strasse ausgebaut, die an Sao Bento vorbei bis nach Rio Negro fuehrte. ... Auch das "Gruene Gold", das ueber diese Strasse zu den Haefen am Atlantischen Ozean gebracht wurde, ist ein nicht zu vergessendes Stueck Entwicklungsgeschichte.
Neben dem Strassenbau und Wagenverkehr wandten die deutschen Einwanderer schon recht frueh ihre Aufmerksamkeit auch der Dampfschiffahrt zu. 1832 begannen die vier

Umweltfreundliche High-Tec, das ist die Devise, die sich der groesste Nutzfahrzeughersteller Lateinamerikas, Mercedes-Benz do Brasil S. A. fuer dieses und die naechsten Jahre auf die Fahnen geschrieben hat. Auf der Nutzfahrzeug-Messe TRANSPO, die am kommenden Sonntag ihre Pforten schliesst (veranstaltet im Messegelaende Anhembi in Sao Paulo) stellt das Unternehmen seinen mit Erdgas fahrenden Stadtbus O-371 vor. Abgesehen davon, dass der Ottomotor, der in der Erdgas-Version keine schaedlichen Russpartikel mehr ausstoesst, ist das Fahrzeug erheblich leiser als sein Diesel-Kollege.

Brueder Valentin, Anton, Karl und Jakob Diehl den von deutschen Einwanderern auf Fluessen von Rio Grande do Sul eingerichteten Frachtbootverkehr durch Dampfschiffe zu ersetzen. Ohne jegliche behoerdliche Unterstuetzung (liessen sie 1832 den Flussdampfer "Liberal" aus Deutschland kommen, der als erstes Dampfschiff zwischen Pelotas und Rio Grande in der suedlichen Provinz Dienst tat.
In den folgenden 25 Jahren kauften die Gebrueder Diehl und andere Deutsche – Josef Becker, Wilhelm Saam, Jakob Becker ("Dampfer Becker"), Jakob Arnt u. a. – weitere Dampfschiffe in Europa.
In Blumenau wurde auf Anregung von Louis Sachtleben die catarinenser Fluss-Schiffahrtsgesellschaft gegruendet, die 1879 zum ersten Mal den Itajai regelmaessig mit dem "Progresso" befahren liess.
Bereits 1841 versuchte Johann Jakob Sturz den Amazonas mit einem Dampfschiff zu erschliessen. Der Plan scheiterte allerdings an finanziellen Problemen. Erst 1853 wurde durch den Baron von Maua eine Gesellschaft ins Leben gerufen, - die Dampfschiffahrt auf dem Amazonas Wirklichkeit werden liess. Karl Josef Senger aus Santo Amaro, der in Deutschland eine solide Ausbildunga erhalten hatte, wurde zum Leiter und Organisator des mutigen Pionierunternehmens.
Auf die Kuestenschiffahrt sind wir hier bereits kurz eingegangen. Sie war von grosser Bedeutung fuer die Verbindungen zwischen den einzelnen Provinzen und der Hauptstadt Rio de Janeiro. Hier half besonders die Dampfschiffahrt, weil die Segelschiffahrt an der

Kueste infolge widriger Wind- und Stroemungsverhaeltnisse haeufig problematisch war. Infolge der grossen Investitionen, die der Bau von Eisenbahnverbindungen erforderte, haben Deutsch-Brasilianer, die im allgemeinen nicht kapitalkraeftig waren, weniger grossen Einfluss ausgeuebt. Beim Bau dieser Bahnen leisteten sie dank ihrer grossen Ingenieurskenntnisse allerdings Beachtliches. Die lange Liste derjeniger Deutschen, die sich hierbei verdient gemacht haben, soll Inhalt eines zukuenftigen Artikels sein.
Die wertvollen Beitraege, die Einwanderer aus dem deutschen Sprachraum fuer die kulturellen Bereiche geleistet haben, ist ein weiteres Thema, das wir in der Zukunft behandeln werden.

Der Verfasser dieser Artikelserie lebt seit 1974 in Sao Paulo. Als Journalist, der sich hauptsaechlich mit politischen, wirtschaftlichen und historischen Themen beschaeftigt, ist er der DEUTSCHEN ZEITUNG seit 1978 mit Unterbrechungen als freier Mitarbeiter verbunden. Er ist Leiter einer Sprachschule, arbeitet als Dolmetscher und Uebersetzer und beraet seit Maerz dieses Jahres den Club Transatlantico bei der Gestaltung des Veranstaltungsprogramms.

Oktoberfeste im Festsaal des Club Transatlantico

"Geht no oana?" war der Slogan

SÃO PAULO -jn- Seit 1975 - mit nur wenigen Unterbrechungen - fliegt LUFTHANSA die international renommierte Show-Band "Helmut Hoegl" aus Muenchen nach Brasilien ein, um in Rio, São Paulo und Blumenau zu den Oktoberfesten zu spielen. Dieses Jahr traten die Musiker auch in Joinville auf. Am kommenden Montag beginnt die Rueckreise ins spaetherbstliche Muenchen. In unserer naechsten Ausgabe erscheinen weitere Fotos der beiden Oktoberfeste in São Paulo, auf denen die Hoegl-Band spielte. FOTOS: Willi Kruse und Jan Peter Schneider

Hoch her ging es bei einer Pfunds-Stimmung im Festsaal des Club Transatlântico, als die Helmut-Hoegl-Band mit ihren heissen Rhythmen die Oktoberfest-Besucher in Stimmung brachte.

"Geht no oana?" - war der beliebte Refrain, angestimmt von den "Hoegl-Buam von der Schwantaler Hoeh" in Muenchen, den die brasilianischen Reisebuero-Agenten und Tourismus-Journalisten schnell lernten und begeistert mitsangen. Mehr als 700 Gaeste hatte LUFTHANSA zu ihrem Oktoberfest am Freitag, den 6. Oktober, eingeladen.

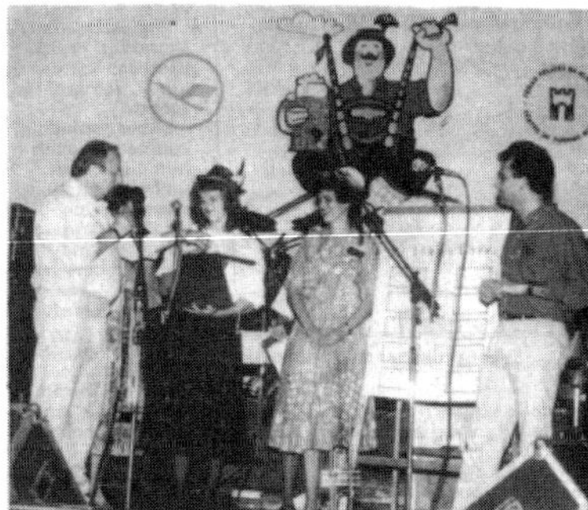

Lustig zu ging es bei der Verlosung der vielen kleineren Preise wie Taschen, Sonnenschirme, Kosmetikbeutel etc. - nuetzliche Geschenke, über die sich die Gewinner sehr freuten.

Beim Oktoberfest des Club Transatlantico am Samstag gewann Frau Schroeder bei der Verlosung einer Flugreise der LUFTHANSA mit ihrer Eintrittsnummer den Flug in der Business-Klasse nach Frankfurt und zurueck. Von links: Lothar Moser, Verkaufsdirektor der LUFTHANSA fuer São Paulo und Suedbrasilien, CT-Praesident Siegfried Zorn, Frau Schroeder und "Gluecksfee" Frau Dr. Telma Zorn.

Spannend wurde es, als LUFTHANSA-Brasilien-Direktor Werner Winge das Mikrofon ergriff, um die Gewinner der Hauptpreise der grossen Verlosung bekanntzugeben. LUFTHANSA verloste mehrere Flugreisen nach Buenos Aires und Muenchen mit Luxusunterbringung im Hotel KEMPINSKI - Vier Jahreszeiten (in Muenchen).

Das Oktoberfest ist in ganz Südamerika berühmt. Alljährlich zieht es zehntausende von Besuchern nach Blumenau

In der Erlebnisreihe „Abenteuer der Welt – aktuell erlebt" sind vom gleichen Autor bereits erschienen:

Band 1: **Dort wo der Condor fliegt**
ISBN 3-931714-00-4

209 Seiten, ca. 90 Abbildungen, Karten und Dokumente.
Dieser Band 1 „Dort wo der Condor fliegt", 209 Seiten mit 90 Abbildungen, Karten und Dokumenten, wurde mehrfach in Presse und Fernsehen vorgestellt. Aus dem Inhalt: In den Händen der Anden-Guerilla des „leuchtenden Pfad". Auf den Spuren der Götter. Die geheimnisvollen Erdzeichen von Nazca. Die Schilfinsel der Urus auf dem Titicaca-See. Von La Paz durch die trockenste Wüste der Welt. Santiago und das Paradies von Chile. Flucht in den Hochanden, Passhöhe 5400 m.

Band 2: **Mit „Jeepney und Rattendampfer"** ISBN 3-931714-01-1

240 Seiten, ca. 100 Bilderkarten und Dokumente.
Ein spannender Abenteuerbericht, der Sie in die tropische Inselwelt der Philippinen führt. In das Gebiet der Kopfjäger von Nordluzon. Auf die Südseeinsel Coco Loco, auf der ein Schweizer lebt. Zu den Reisterrassen von Banaue. Zu den hängenden Särgen von Sagada. Sie erleben mit dem Autor den Taifun Nina, einen der schwersten Taifune, der mit seiner zerstörerischen Naturgewalt vernichtend über die Insel Mindoro rast. Sie erfahren das Schicksal Deutscher, die auf der Inselwelt der Philippinen leben oder gestrandet sind.

In der Erlebnisreihe „Abenteuer der Welt – aktuell erlebt“ sind vom gleichen Autor bereits erschienen:

Band 3: **„Diesseits und jenseits des Äquators“** ISBN 3-931714-02-0

272 Seiten, ca. 100 Bilder, Karten und Dokumente.
Sie erleben in diesem Buch Abenteuer in Indonesien. Fahren mit der Eisenbahn und mit einheimischen Omnibussen quer durch Java. Besuchen Borobudur, den nach 700 Jahren ausgegrabenen und wiederhergestellten, mit den Pyramiden vergleichbaren Tempel. Durchqueren mit dem Motorrad Bali. Tauchen auf den Gili-Air-Inseln vor Lomboc in die phantastische Unterwasserwelt tropischer Fische.

In der Erlebnisreihe „Abenteuer der Welt – aktuell erlebt“ sind vom gleichen Autor noch folgende weitere Buchtitel in Vorbereitung:

Band 5:
„Mit dem Rucksack durch Ecuador und die Galapagos-Inseln“

Quito und die Straße der Vulkane. Trip zum Cotopaxi, dem 6000 Meter hohen Andengipfel. Mit der Schmalspurbahn durch die Schluchten des „narez diablo“. Auf dem Amazonasfluß Napo in den Dschungel des Äquators. Die schwarzen Mangrovenstädte am Pazifik. Galapagos und seine Urzeit-Tierwelt. Von der Pazifikküste mit der Dschungelbahn bis auf 4000 Meter Höhe zur Straße der Vulkane.

Band 1:
Peru
Band 4:
Brasilien
Chile
Alaska
(USA)
Kanada
Vereinigte Staaten
(USA)
Mexiko
Grönland
(mit Dänemark assoziiert)
Søndre Strømfjord
Nuuk
Island
Reykjavik
Jan Mayen
(Norw.)
Färöer
Glasgow
Dublin
Birm.
London
Paris
Madrid
Lissabon
Gibraltar
Rabat
Casablanca
Marokko
Alger
Azoren
(Port.)
Madeira
(Port.)
Kanarische Inseln
(Sp.)
Sahara
(von Marokko besetzt)
Mauretanien
Nouakchott
Mali
Kap Verde
Senegal
Dakar
Gambia
Bamako
Guinea-Bissau
Guinea
Conakry
Freetown
Sierra Leone
Monrovia
Liberia
Elfenbeinküste
Abidjan
Obervolta
Ghana
Accra
Togo
Lagos
Sao Tomé u.
Vancouver
Winnipeg
Seattle
Neufundland
Quebec
Montreal
Ottawa
St. Paul
Detroit
Chicago
Salt Lake City
Boston
New York
Philadelphia
Baltimore
Washington
St. Louis
San Francisco
Los Angeles
Houston
New Orleans
Bermuda-Inseln (G.B.)
Bahamas
Habana
Kuba
Jamaika
Haiti
Dominik. Rep.
Puerto Rico
(USA)
Guadeloupe (Fr.)
Dominica
Barbados
Grenada
Trinidad u. Tobago
Monterrey
Guadalajara
Mexiko
Belize
Honduras
Tegucigalpa
Guatemala
El Salvador
San Salvador
Managua
Nicaragua
Costa Rica
San José
Panamá
Caracas
Venezuela
Medellín
Kolumbien
Bogotá
Cali
Guyana
Surinam
Franz.-Guayana
St. Paul (Bras.)
Galápagosinseln
(zu Ecuador)
Ecuador
Quito
Amazonas
Belém
Recife
Brasilien
Lima
Peru
Bolivien
La Paz
Brasília
Salvador
Ascension
(G.B.)
Sankt Helena
(G.B.)
Belo Horizonte
Rio de Janeiro
São Paulo
Arica
Paraguay
Asunción
Antofagasta
Südlicher Wendekreis
Sala y Gómez
Osterinsel (zu Chile)
Argentinien
Rosario
Uruguay
Montevideo
Valparaíso
Santiago
Buenos Aires
Tristan da Cunha
(G.B.)
Gough-Insel
Falkland-Inseln (G.B.)
(Malwinen)
Südgeorgien
(G.B.)
Bouvet
Punta Arenas
Südshetland-Inseln
Südorkney-Inseln
(G.B.)
Südsandwich-Inseln
Südlicher Polarkreis
Argentinien
Großbritannien
Chile
8
Neuseeland